F
1207

UNIVERSITÉ DE TOULOUSE. — FACULTÉ DE DROIT

DE LA

RESPONSABILITÉ

CIVILE

BIBLIOTHÈQUE NATIONALE
R. F.
IMPRIMÉS

DES MINISTRES

DÉPÔT LÉGAL
Pyrénées Orientales
N° 14
18 99

EN MATIÈRE DE DÉPASSEMENTS DE CRÉDITS

THÈSE POUR LE DOCTORAT

PAR

E. CASTEIL

AVOCAT

PERPIGNAN

IMPRIMERIE DE L'INDÉPENDANT, 3, RUE LAZARE ESCARGUEL

1899

DE LA

RESPONSABILITÉ

CIVILE

DES MINISTRES

EN MATIÈRE DE DÉPASSEMENTS DE CRÉDITS

8°F
1207

UNIVERSITÉ DE TOULOUSE. — FACULTÉ DE DROIT

DE LA

RESPONSABILITÉ CIVILE DES MINISTRES

EN MATIÈRE DE DÉPASSEMENTS DE CRÉDITS

THÈSE POUR LE DOCTORAT

PAR

E. CASTEIL

AVOCAT

PERPIGNAN

IMPRIMERIE DE L'INDÉPENDANT, 3, RUE LAZARE ESCARGUEL

—

1899

FACULTÉ DE DROIT DE TOULOUSE

MM. PAGET, ✻, Doyen, professeur de Droit romain.
DELOUME, professeur de Droit romain.
CAMPISTRON, professeur de Droit civil.
WALLON, professeur de Droit civil.
BRESSOLLES, professeur de Procédure civile.
VIDAL, professeur de Droit criminel.
HAURIOU, professeur de Droit administratif.
BRISSAUD, professeur d'Histoire générale du Droit.
ROUARD de CARD, professeur de Droit civil.
MÉRIGNHAC, professeur de Droit international public
   et privé.
TIMBAL, professeur de Droit constitutionnel.
DESPIAU, professeur de Législation française des
   finances et de Législation et Économie industrielles.
HOUQUES-FOURCADE, professeur d'Économie poli-
   tique.
FRAISSAINGEA, professeur de Droit commercial.
MARIA, agrégé, chargé des Cours d'Histoire du Droit
   public français et d'Histoire des Doctrines écono-
   miques.
GHEUSI, agrégé, chargé des Cours de Droit civil com-
   paré et de Droit maritime.
HABERT, secrétaire.
HUC, ✻, Conseiller à la Cour d'appel de Paris, pro-
   fesseur honoraire.
POUBELLE, O. ✻, professeur honoraire, ambassadeur.

Président de la Thèse : M. TIMBAL.

SUFFRAGANTS { MM. CAMPISTRON.
              DESPIAU.

La Faculté n'entend approuver ni désapprouver les opinions
particulières du candidat.

BIBLIOGRAPHIE

Annales de l'École libre des sciences politiques, 1890 :
article de M. Victor MARCÉ « La Cour des Comptes
italienne. »

Annuaire de législation étrangère, 1880.

BOUCARD et JÈZE. — Éléments de la science des finances.

Bulletin de la société de législation comparée, 1892-
1893 : article de M. Victor MARCÉ « Annexe à l'étude
sur la Cour des Comptes et la Comptabilité publique
en Belgique. »

Jean CLOS. — La Responsabilité des ministres.

Compte général de l'administration des finances pour
1869.

DALLOZ. — Supplément au répertoire V° responsabilité.

DARESTE. — Les Constitutions modernes, tomes 1 et 2.

« Économiste français » du 23 mai 1885.

ESMEIN. — Éléments de Droit constitutionnel.

France judiciaire, 1881-1882, tome 1 : article de F.-A. HÉLIE.

CORENTIN GUYHO. — Études d'histoire parlementaire. 1re série : Les hommes de 1852.

HAURIOU. — Précis de Droit administratif, 3e édition.

F.-A. HÉLIE. — Les Constitutions de la France, tomes 1 et 2.

Journal « le Droit » du 26 février 1872.

« Journal des Économistes », 1862, tome 70 : articles de M. de LUÇAY.

« Journal Officiel », 10 mars 1872 ; 4 mai 1882 (compte rendu de la Chambre des députés) ; 12 novembre 1885, page 6099 ; 2 juin 1886 (Chambre des députés) ; 6 novembre 1887 (Chambre des députés) ; 6 juillet, 20 novembre 1887 (Sénat) ; 26 mars 1889 (Chambre des députés) ; 2 juillet 1895 (Chambre des députés) ; 13 décembre 1898 (Chambre des députés).

Documents parlementaires de la Chambre des députés : Année 1882, n° 1040 ; année 1883, n° 1991 ; année 1888, annexe n° 2258 ; année 1894, annexe n° 963 ; année 1895, annexe n° 1428 ; année 1895, annexe page 1581 ; année 1898, annexe n° 452.

Journal « Le Temps » du 20 mars 1893.

DE KERCHOWE. — De la Responsabilité des ministres dans le droit public belge.

LABOULAYE : Le Parti libéral. — Histoire des États-Unis, tome III.

LAFERRIÈRE. — Traité de la jurisprudence administrative, t. I., chap. VIII.

A. LEROY-BEAULIEU. — Traité de la science des finances, 5e édition.

X. DE MAISTRE. — Voyage autour de ma chambre, chapitre 25.

« Moniteur Universel ». — 28 avril, 16, 17, 19 mai, 18 juin 1829; 26 février, 26 mars 1833; 26 avril 1834; 8, 9, 20 et 23 mars 1835; 26 juin 1836; 16 février, 14 mai 1850; 14 avril 1851; 8 février 1853; 14 juin 1862.

DE ROUVILLE, conseiller d'État, rapport présenté sur un projet de loi relatif à la responsabilité des ministres envers l'État. — Distribution du 27 avril 1896, 2e annexe au no 1044.

ROSSI. — Cours de Droit constitutionnel, t. IV.

Revue critique de 1890. — Article de Merlin « de la Responsabilité civile des ministres vis-à-vis de l'État. »

Revue du Droit public et de la Science politique, mai-juin 1897, article de Ch. ROUSSEL « de la Responsabilité pécuniaire des ministres » ; — Tome VI, 1896, article de M. Valentin LETELIER sur le Chili.

Revue politique et parlementaire. — Février 1897 : article de M. E. BESSON « le Contrôle des finances de l'État ». — Tome III et tome V « Code pénal des Pays-Bas », traduit par WINTGENS.

Léon SAY. — Dictionnaire des finances, vo Budget.

STORY. — Commentaire sur la Constitution des États-Unis.

René STOURM. — Le Budget.

INTRODUCTION

NÉCESSITÉ D'UN CONTROLE EXERCÉ PAR LE POUVOIR LÉGISLATIF RELATIVEMENT A L'EXÉCUTION DU BUDGET, COROLLAIRE DU DROIT DE VOTER L'IMPOT.

> « Le Contrôle révèle et engendre
> la prospérité financière, il en est à
> la fois l'indice et la cause. »
>
> *Le Budget*, par René STOURM,
> page 481.

Le budget, que les Anglais appellent un état de prévoyance, est la détermination des dépenses à effectuer et des recettes à réaliser par un État pendant une période déterminée (1).

Donner à la nation entière le droit de fixer son budget, c'est reconnaître la suprématie de son pouvoir ;

(1) L'usage de réunir dans un état général les prévisions de recettes pour l'année suivante, afin de régler sur cet aperçu le chiffre des dépenses, est, suivant Bodin, antérieur au règne de Charles IX. Dès cette époque on connaissait non-seulement les comptes de prévoyance, faits au commencement d'une année pour régler la marche de l'administration pendant cette même année, mais encore les comptes effectifs d'une année révolue. C'est à partir de 1806 que la loi des finances prend le nom de budget.
Articles de M. de Luçay. – *Journal des Économistes*. — Année 1862. — Tome 70.

le lui refuser, c'est l'assujettir, c'est proclamer son incapacité, — l'assimiler à un enfant ou à un fou.

Si nous examinons la lente évolution par laquelle un État quelconque, d'abord soumis à la volonté absolue d'un seul, arrive peu à peu à conquérir ses droits, nous remarquons que chaque étape, chaque progrès vers une liberté plus grande, est marqué par ce fait que l'immixtion du peuple dans la gestion de ses finances est de jour en jour plus considérable : toutes les fois que sous la monarchie les États-Généraux furent assemblés, les représentants du Tiers en profitèrent pour arracher au pouvoir central quelques-unes de ses prérogatives, et c'est ainsi que certaines communes arrivèrent à une autonomie relative ; plus près de nous, dans ce siècle même, la législation budgétaire en France a suivi une marche parallèle au développement des libertés publiques (1), et nous pouvons formuler cette règle que le droit pour une nation de participer à la confection du budget a pour effet son indépendance politique.

L'intervention de la France dans l'administration de ses finances fut une des réformes le plus énergiquement demandées par le Tiers dans ses cahiers de 1789, et lorsqu'il fallut dresser une liste des Droits de l'Homme, on ne manqua pas d'inscrire à l'article 14 :

« Tous les citoyens ont le droit de constater par eux-mêmes ou par leurs représentants, la nécessité de la contribution publique, de la consentir librement, d'en suivre l'emploi et d'en déterminer la quotité, l'assiette, le recouvrement et la durée. »

A côté de la faculté de fixer le chiffre des dépenses, cet article 14 accordait à la nation le droit de les con-

(1) Voir chapitre suivant, section I.

trôler. La nécessité de ce contrôle est le complément si évident du vote du budget, qu'il nous sera très facile de démontrer qu'il devait naturellement venir à l'esprit des auteurs de l'article 14 de réunir ces deux propositions dans un seul et même texte.

S'ils n'étaient pas tenus de rendre des comptes, les ministres pourraient employer les sommes votées à d'autres usages que ceux prévus par le budget, et, en définitive, le caprice de quelques-uns se substituerait à la volonté de tous : le vote des représentants ne serait qu'un simple avis et le ministre le suivrait dans la mesure où il serait conforme à ses propres idées.

L'organisation du contrôle des comptes financiers des ministres sera le plus sûr garant de la fidèle exécution du budget : le prestige des ministres n'en sera point amoindri, puisqu'on n'exigera d'eux que ce qu'un texte du Code civil impose à tout mandataire (1), et leur tranquillité sera assurée.

En France, comme dans la plupart des pays parlementaires, avec les groupements, les fractionnements innombrables des partis, on est de jour en jour plus enclin à déconsidérer les hommes qui occupent le pouvoir, à jeter la suspicion sur leurs aptitudes ou leur honnêteté. Chacun ne sent-il pas combien le silence qui entourerait la gestion du ministre serait une arme commode pour ses détracteurs ou ses envieux ? A chaque instant des doutes injurieux s'élèveraient sur son compte, et la dignité du gouvernement serait compromise.

Les ministres doivent, s'ils sont honnêtes, se réjouir

(1) Art. 1993 du C. civil : « Tout mandataire est tenu de rendre compte de sa gestion... »

de ce que la Constitution leur fournit ainsi naturellement le moyen de confondre publiquement leurs calomniateurs.

Mais l'avantage le plus appréciable du contrôle législatif consiste en ce que l'étude des comptes financiers permet aux représentants de la nation de mieux s'assurer des besoins des services administratifs : il arrive souvent qu'au moment du vote du budget les prévisions ont été inexactes ; en revoyant de près et attentivement le budget réalisé, les membres du Parlement pourront, en connaissance de cause, augmenter les crédits de certains chapitres insuffisamment dotés et faire des économies sur d'autres :

Le contrôle parlementaire est la garantie de l'exécution loyale du budget et la source de toute bonne réforme financière.

CHAPITRE I

ORGANISATION DU CONTROLE

Quand le budget a été voté par le Parlement et que chaque département ministériel a été doté de la somme nécessaire au fonctionnement de tous ses services, le ministre apparaît véritablement comme un mandataire ; mais, dans sa gestion délicate, dans l'emploi de ses fonds, deux idées primordiales doivent le guider : il ne doit pas dépasser sans motif grave les crédits qui lui ont été votés par les Chambres ; — d'autre part, dans un cas urgent, quand il se trouve en présence d'une question capitale pour la Patrie, il ne doit pas hésiter à agir par lui-même, à faire la dépense, sauf à faire ratifier sa conduite à la plus prochaine assemblée du Parlement.

La première de ces deux idées sera la règle de sa conduite, la seconde une extrême exception. Malheureusement, il n'en est pas ainsi en pratique, et le ministre, dans un grand nombre de cas, usurpant les pouvoirs du Parlement, fait, sans nécessité immédiate, des dépenses non autorisées par le budget.

Le législateur s'est efforcé d'assurer le respect du budget par trois moyens différents :

1° *Par la spécialisation de plus en plus minutieuse dans chaque ministère ;*

2° *Par la réglementation des dépassements de crédits ;*

3° *Par l'introduction d'un contrôle préventif de l'ordonnancement.*

SECTION I

SPÉCIALISATION DES DÉPENSES

Le principe de la spécialité des dépenses, c'est-à-dire l'affectation par le Parlement d'un crédit du budget général à une dépense déterminée et non à une autre, n'a de signification que tant que les Assemblées législatives ont le droit de contrôler l'exécution du budget par le gouvernement : dès que le régime parlementaire cesse de fonctionner, le budget devient un bloc que les Chambres adoptent en silence (1).

Il ne faut donc pas s'étonner si l'on ne trouve aucune mention de la spécialité dans les lois constitutionnelles de la période révolutionnaire. De même sous l'Empire où les fonds étaient distribués en vertu d'un décret de répartition des crédits dans les divers ministères.

Cependant l'article 37 de l'acte additionnel de 1815 tolérait que le budget fût voté par grandes *sections ministérielles :*

Article 37.

« C'est aussi à la Chambre des représentants qu'est porté d'abord : 1° le budget général de l'État contenant

---

(1) Voir Léon Say, *Dictionnaire des Finances*, V° Budget, page 567.

l'aperçu des recettes et la proposition des fonds assignés pour chaque année à chaque département du ministère. »

§ 1. — Le premier monument constitutionnel dans lequel nous voyons apparaître le principe de la spécialité des crédits est le projet de Constitution définitive par lequel au mois de juin 1815, la Chambre des représentants, s'érigeant en Constituante, révisa l'acte additionnel.

Article 50.

« Le budget de chaque ministère est divisé en chapitres. Aucune somme allouée pour un chapitre ne peut être reportée au crédit d'un autre chapitre et employée à d'autres dépenses sans une loi. »

§ 2. — Sous la Restauration le budget devait être accepté ou rejeté en bloc, car l'article 46 de la charte n'admettait d'amendements aux lois que sur la proposition ou avec le consentement du roi. *La Chambre Introuvable* et celles qui lui succédèrent (notamment en 1820 et en 1822) ne cessèrent de réclamer la spécialité, mais ce n'est que le 1er septembre 1827 que parut l'ordonnance du roi « voulant enfin déterminer avec précision les crédits spéciaux dans lequels les ministres devront désormais renfermer leurs ordonnances et, à cet effet, établir dans le budget des *Sections spéciales* qui limitent les dépenses de chaque service et qui servent de base aux répartitions annuelles par chapitres. »

D'ailleurs, en fait, depuis 1814, les Chambres discutaient les chapitres et même les articles et modifiaient les crédits (1).

§ 3. — Sous la Monarchie de juillet on poussa encore

(1) Voir L. Say, op. cit., page 568, col. 2.

plus loin la spécialité : les articles 11 et 12 de la loi de règlement du 29 janvier 1831 relative au budget de l'exercice 1828 substituent au vote par section spéciale, le vote par chapitre :

« Article 11. — Le budget de chaque ministère sera à l'avenir divisé en chapitres spéciaux. Chaque chapitre ne contiendra que des services corrélatifs ou de même nature. La même division sera suivie dans la loi des comptes. »

« Article 12. — Les sommes affectées par la loi à chacun de ces chapitres, ne pourront être appliquées à des chapitres différents. Toutes les dispositions contraires sont abrogées. »

Ainsi la faculté de virement ne pouvait plus s'exercer que d'article à article d'un même chapitre.

§ 4. — La spécialité des chapitres de dépenses était trop bien assise à la fin du règne de Louis-Philippe pour qu'on eût à y rien toucher pendant la deuxième République.

§ 5. — La commission du budget de 1853, quoique n'étant pas animée d'un esprit d'opposition à l'égard du régime nouveau, montra cependant une indépendance qui irrita le pouvoir. « A l'honneur de la dignité humaine, il s'est trouvé même dans ce Corps législatif, au lendemain du coup d'État, des députés qui, forts de leur passé conservateur, dans un langage dont la modération voulue n'excluait pas la fermeté, se sont faits devant le pouvoir attentif plus que devant l'opinion indifférente les défenseurs de la sincérité et de l'efficacité du contrôle financier » (1).

(1) Corentin Guyho, ancien député : Études d'histoire parlementaire, 1re série, *Les Hommes de 1852*, page 95.

Cette commission du budget n'admettait la création d'aucun impôt nouveau ; le gouvernement du Deux-Décembre s'irrita de ce qu'il considérait comme une résistance ; la presse ministérielle fit entendre de vives récriminations.

Quand la discussion générale du budget s'ouvrit, dans la séance du 22 juin 1852, M. de Kerdrel constata que dans « la situation actuelle des choses le pouvoir n'était pas sérieusement contrôlé dans l'usage qu'il faisait des finances du pays. » (1)

M. de Montalembert ajouta : « C'est en contrôlant, en avertissant, en arrêtant le gouvernement que nous pouvons le seconder et lui prêter main-forte. » (2)

Le Prince-Président assistait à la séance : il fut particulièrement frappé par cette phrase du rapport de M. de Chasseloup-Laubat : « il n'y a que la faiblesse qui ait besoin de l'obscurité et du silence. » (3) Aussi, craignant que le Corps législatif, s'il ne l'arrêtait, ne voulût revenir aux traditions du parlementarisme, il résolut d'étouffer toute tentative d'indépendance : le Senatus-Consulte du 25 décembre 1852 rétablit pour le vote du budget le système qui avait été en vigueur sous le premier Empire :

Article 12.

« Le budget des dépenses est présenté au Corps législatif avec ses subdivisions administratives par chapitres et par articles. *Il est voté par ministère.* La répartition par chapitres du crédit accordé pour chaque

(1) Corentin Guyho, op. cit., p. 114.
(2) Corentin Guyho, op. cit., p. 159.
(3) Corentin Guyho, op. cit., p. 178.

ministère est réglée par décret de l'Empereur rendu en Conseil d'État..... »

Le jour de la discussion de ce Senatus-Consulte au Sénat, le 25 décembre 1852, M. Bineau, ministre des finances, trouva des excuses à la suppression du contrôle parlementaire : « A la France par ses mandataires à voter l'impôt, à dire la somme qu'elle veut mettre entre les mains du gouvernement pour l'administration et la protection du pays ; au gouvernement à employer ces fonds au mieux des intérêts de tous. » (1)

L'article 12 du Senatus-Consulte de 1852, dans son dernier paragraphe, rétablissait la faculté de virement de chapitre à chapitre : il suffisait d'un décret de l'Empereur rendu en Conseil d'État.

Mais, par la force même des choses, ce système de ténèbres en matière de finances devait avoir un terme et le Senatus-Consulte du 31 décembre 1861 nous ramena aux sections spéciales de l'ordonnance de 1827.

L'article 9 du Senatus-Consulte de 1869, complété par l'article 11 du Senatus-Consulte du 21 mai 1870, nous rendit la spécialité par chapitre, telle qu'elle avait existé après la loi de 1831 :

Article 9 du C. de 1869.

« Le budget des dépenses est présenté au Corps législatif par chapitres et par articles.

« Le budget de chaque ministère est voté par chapitre, conformément à la nomenclature annexée au présent Senatus-Consulte. »

Il va sans dire que la faculté de virement, — quoiqu'il n'en fût nullement question dans ce texte, — devait

(1) Corentin Guyho, op. cit., page 317.

disparaître après le rétablissement de la spécialité des crédits.

§ 6. — Cependant la première loi de finances votée sous la troisième République, le 16 septembre 1871, formula l'interdiction des virements; article 30 : « Le budget est voté par chapitre. Aucun virement de crédit ne peut avoir lieu d'un chapitre à un autre. » (1)

---

(1) Il n'est pas inutile, à propos des virements, de mentionner brièvement l'affaire fort connue de M. Janvier de la Motte qui passa devant la cour d'assises de la Seine-Inférieure en février 1872.

Dans le cours de son administration, M. le préfet Janvier de la Motte avait détourné des fonds de l'usage auquel ils avaient été affectés : il avait notamment majoré de 11,000 francs le chiffre des dépenses du mobilier de l'asile des aliénés, alors que cette somme avait servi au paiement d'une chambre à coucher de la préfecture.

Poursuivi devant la cour d'assises de la Seine-Inférieure, il cita comme témoin à décharge M. Pouyer-Quertier, conseiller général de l'Eure, ministre des finances. Celui-ci, tout en reconnaissant que la vie privée du préfet était critiquable, déclara que son administration avait été d'une haute intelligence. « En comptabilité on ne peut tout prévoir; il y a l'imprévu, il y a l'urgence..... Il peut ne pas y avoir de crédit voté ; il faut donc avoir recours à des virements, et, par conséquent, à des mandats fictifs. Je ne veux pas encourager sans doute les irrégularités administratives, mais je dis que forcément les administrations ne peuvent pas se renfermer absolument dans les prévisions budgétaires. »

M. Janvier de la Motte fut acquitté le 4 mars 1872, mais comme Casimir-Périer, ministre de l'intérieur, ainsi que son successeur, Victor Lefranc, s'étaient déclarés créanciers au non de leur département d'une somme de 213,000 francs, M. Pouyer-Quertier ne voulut pas, en qualité de ministre des finances, poursuivre le paiement d'une dette qui, d'après lui, n'existait pas, et démissionna le 5 mars 1872. — Pour plus de détails, voir : 1º Journal *Le Droit*, 26 février 1872 et jours suivants; — 2º *Journal Officiel* du 10 mars 1872, explications fournies par M. Pouyer-Quertier à la suite d'une question de M. Guiraud, transformée en interpellation dans le cours de la séance.

SECTION II

CONDITIONS SOUS LESQUELLES
LES CRÉDITS EXTRA-BUDGÉTAIRES PEUVENT ÊTRE OUVERTS.

La loi de finances du 25 mars 1817, dans son article
148, obligeait les ministres à présenter à chaque session les comptes de leurs opérations pendant l'année
précédente ; elle prévenait également les dépenses extra-
budgétaires : la répartition par les ministres dans les
diverses branches de leurs services de la somme totale
allouée à leur budget particulier devait recevoir l'approbation du Roi et s'opérer de manière que l'ensemble
de ces dépenses diverses n'excédât pas le crédit ouvert
à chaque département. Les ministres ne pouvaient sous
leur responsabilité dépasser ce crédit. Le ministre des
finances ne pouvait sous la même responsabilité, autoriser les paiements excédants que dans les cas extraordinaires et urgents et en vertu d'ordonnances du Roi
qui devaient être converties en lois à la plus prochaine
session des Chambres (art. 151, 152).

L'ordonnance royale du 1er septembre 1827, se conformant au vœu émis par la commission des crédits supplémentaires de 1825, dans son rapport du 19 avril 1827,
disait, dans son article 3, que les sommes votées pour
chaque ministère ne devaient être dépassées que dans
les cas extraordinaires et urgents ; les crédits extraordinaires ne pouvaient être ouverts qu'en vertu d'une
ordonnance royale, pour être ensuite régularisés à la
plus prochaine session des Chambres.

Par mégarde, le Parlement se laissa enlever une prérogative essentielle en ne réclamant pas contre l'article 4

de cette même ordonnance qui pour les *crédits supplémentaires* (1) n'exigeait de justification qu'au moment
du règlement définitif.

Cette grave infraction à la règle générale de contrôle
immédiat, édictée par la loi de finances de 1827, avait
un grand inconvénient : en renvoyant, au moment du
vote de la loi des comptes, l'examen des crédits supplémentaires dépensés par les ministres, le Parlement se
trouvait en présence d'un fait acquis ; il ne lui était
plus possible d'arrêter les engagements : il se trouvait
dans l'alternative ou de voter le bill d'indemnité ou de
mettre en jeu la responsabilité ministérielle, la Chambre
des députés accusant, la Cour des pairs statuant sur le
crime du ministre ; c'était une mesure trop grave pour
qu'on pût l'appliquer en cas de simples irrégularités.
« Les abus n'étaient d'ailleurs pas à craindre et les
ministres de la Restauration, depuis un certain temps
déjà, ne portaient habituellement les dépenses addition-
nelles (aux services ordinaires du budget) qu'à la
somme de 8 ou 10 millions par année. » (2)

Dans l'exposé des motifs de la loi de finances de 1828,
le gouvernement avait proposé d'accorder le maximum
des crédits reconnus nécessaires à chaque service public : les ministres, n'étant plus désormais limités aussi
rigoureusement dans leurs crédits parfois insuffisants,
éviteraient ainsi l'inconvénient des crédits extra-
budgétaires. Au moyen de cette allocation, les ministres

(1) Les *crédits extraordinaires* sont ceux qui s'appliquent
à des services ou à des portions de services *non prévus* par le
budget.
Les *crédits supplémentaires* sont ceux qui s'appliquent à
des services *prévus*, mais *insuffisamment dotés*.

(2) Léon Say, op. cit. page 563.

devaient strictement renfermer leurs dépenses dans la limite des crédits ouverts et combiner leurs services ordinaires de façon à n'avoir jamais besoin de crédits supplémentaires sinon pour les dépenses totalement imprévues lors de la discussion de la loi de finances, et même dans ce cas à la condition que les dépenses extraordinaires eussent été préalablement autorisées par une ordonnance royale.

La Commission du budget repoussa ce système ; si on supprimait le mot de « crédits supplémentaires » on laissait, disait-elle, subsister la chose, c'est-à-dire la dépense exagérée pour l'État. En effet, en donnant à chaque service le maximum d'allocation, il est probable que le crédit sera rarement dépassé, mais il est certain qu'il sera toujours entièrement absorbé, alors même que la nécessité absolue ne s'en fera point sentir.

Cette argumentation était pleine de sens : le remède eût été pire que le mal, et cette prétendue innovation n'aurait eu pour résultat que d'amoindrir considérablement les droits de contrôle du pouvoir législatif.

Sous la monarchie de Juillet, les crédits extra-budgétaires grossissant tous les jours, le gouvernement s'émut, et M. Humann, ministre des finances, prit l'initiative de la réforme, en proposant de modifier l'article 4 de l'ordonnance de 1827, dans le sens de l'article 3, lors de la présentation du projet de loi relatif aux crédits supplémentaires de 1832.

M. Le Pelletier d'Aunay, dans son rapport (1), proposa de revenir au système de la loi de 1817, c'est-à-dire d'étendre aux crédits supplémentaires les formalités

(1) *Moniteur Universel.* — Séance du 26 février 1833.

que l'ordonnance de 1827 n'exigeait que pour les crédits extraordinaires.

Cette théorie fut vivement combattue à la Chambre des députés. D'abord, dit-on, on obligeait ainsi les ministres à demander l'assentiment des Chambres à chaque dépassement de crédit, vous jetterez à chaque instant les Chambres dans des détails de comptabilité qui sont indignes de son examen, dont elle n'a à connaître que l'ensemble au moment du règlement définitif des comptes ; vous troublerez à la fois le travail administratif et le travail législatif. En second lieu, il est à peu près certain, par suite du grand nombre et du peu d'importance de ces demandes de crédits supplémentaires, que les Chambres s'habitueront à donner leur approbation les yeux fermés sans exiger à chaque fois une justification matérielle.

La Chambre ne tint aucun compte de ces observations et revint au système de la loi de 1817 ; seulement, pour le cas spécial d'ouverture de crédits extra-budgétaires en l'absence des Chambres, trois conditions nouvelles furent exigées : 1° discussion au Conseil des ministres ; 2° insertion au *Bulletin des Lois ;* 3° réunion en une seule proposition législative par le ministre des finances.

En outre, une modification intéressante était apportée par le projet au mode de comptabilité relatif à ces crédits : au lieu de voter en bloc toutes les dépenses d'un chapitre, la Commission demandait que désormais un chapitre à part dans le compte ministériel fût réservé à chaque crédit extraordinaire.

Le projet, singulièrement hardi, ne s'arrêtait point là : il voulait que les crédits supplémentaires fussent justifiés *et votes par articles*, alors que le principe de la spécialité n'était admis que par chapitre (1).

Le ministre des finances insista sur cette anomalie, mais la Chambre passa outre et vota le projet, avec cette réserve qu'elle n'entendait nullement sanctionner le principe de la spécialité, et que si on exigeait, pour chaque dépassement de crédit, des explications du ministre et un vote spécial, c'était uniquement afin d'éviter dorénavant toute obscurité, toute confusion en cette matière.

La Chambre des pairs, après un long débat, adopta les vues de la Chambre des députés, et la loi du 24 avril 1833 formula définitivement les dispositions relatives aux crédits extra-budgétaires.

« Art. 3. — Les suppléments de crédits demandés par les ministres pour subvenir à l'insuffisance dûment justifiée d'un service porté au budget et dans les limites prévues par la loi devront, comme les crédits extraordinaires, être autorisés par ordonnances du roi qui seront converties en lois à la plus prochaine session des Chambres.

« Art. 4. — A l'avenir les ordonnances qui en l'absence des Chambres auront ouvert des crédits à quelque titre que ce soit, ne seront exécutoires pour le ministre des finances qu'autant qu'elles auront été rendues sur l'avis du Conseil des ministres, elles seront contresignées par le ministre ordonnateur et insérées au *Bulletin des Lois*.

« Art. 5. — Ces ordonnances seront réunies en un seul projet de loi pour être soumises par le ministre des finances à la sanction des Chambres dans

(1) Voir page 16.

leur plus prochaine session et avant la présentation du budget.

« ART. 6. — Tout crédit extraordinaire ouvert à un ministre pour un service non prévu à son budget formera un chapitre particulier du compte général de l'exercice.

« ART. 7. — Les crédits supplémentaires seront votés et justifiés par articles. »

La loi de finances du 23 mai 1834 restreignit la possibilité d'ouvrir des crédits extra-budgétaires en fixant exactement les limites dans lesquelles les ministres pouvaient, par ordonnance, accroître les dépenses de l'État :

« ART. 11. — La faculté d'ouvrir par ordonnance des crédits supplémentaires, accordée par l'article 3 de la loi du 24 avril 1833 pour subvenir à l'insuffisance dûment justifiée d'un service porté au budget n'est applicable qu'aux dépenses concernant un service voté et dont la nomenclature est insérée, pour chaque exercice, dans la loi annuelle relative au budget des dépenses. »

« ART. 12. — La faculté accordée par l'article 152 de la loi de finances du 25 mars 1817 d'ouvrir des crédits par ordonnance du Roi dans des cas extraordinaires et urgents est applicable seulement à des services qui ne pouvaient pas être prévus et réglés par le budget. »

Ces diverses lois avaient entouré les crédits extra-budgétaires de tant de formalités prohibitives, les ministres tentés d'accroître les dépenses publiques étaient tenus de se soumettre à tant de conditions au moment d'effectuer la dépense, à tant de justifications au moment du vote de la loi d'ensemble, qu'il semble naturel que cette législation dût avoir pour résultat de

faire disparaître peu à peu, ou, au moins, de limiter
considérablement ces crédits et d'assurer l'équilibre du
budget.

Il n'en fut nullement ainsi, le besoin d'une nouvelle
loi se fit sentir : l'article 5 de la loi du 18 juillet 1836
décida qu'à l'avenir toute demande d'allocation faite en
dehors de la loi annuelle des finances indiquerait les
voies et moyens qui y seraient affectés.

Mais cet article n'eut aucun effet, car, en pratique, on
se borna le plus souvent à déclarer qu'il serait pourvu
à la dépense au moyen des ressources de l'exercice :
les crédits supplémentaires et extraordinaires conti-
nuèrent à rompre l'harmonie du budget.

Comment expliquer ce fait, alors que les entraves
législatives s'accumulaient ? Tous les ans, quels que
fussent les ministres, il s'engageait entre le pouvoir
législatif et le pouvoir exécutif une sorte de jeu de
cache-cache, à l'occasion du budget, qui consistait en
ceci : le premier, dans un but de grossière réclame
électorale, pour montrer à ses mandants qu'il était
avant tout soucieux de diminuer le chiffre des imposi-
tions, lésinait sur tous les crédits ; le second acceptait
toutes les réductions demandées — pour avoir la paix
— quitte, ensuite, à pourvoir au déficit en multipliant
les ordonnances. C'était évidemment le ministre qui
avait le dernier mot et les finances publiques qui en
pâtissaient.

La loi du 15 mai 1850 (1) modifia sensiblement la
réglementation des dépassements de crédits :

(1) Voir le rapport de Berryer sur le budget des dépenses de
l'exercice de 1850.
Moniteur Universel du 16 février 1850.

« Art. 9. — Aucune dépense ne pourra être ordonnée ni liquidée sans qu'un crédit préalable ait été ouvert par une loi. Toute dépense non créditée ou portion de dépense dépassant le crédit sera laissée à la charge du ministre contrevenant. — Toutefois, pendant les prorogations de l'Assemblée, des crédits soit extraordinaires, soit supplémentaires pourront être ouverts par décret du Président de la République, après délibération du Conseil des ministres et avec le contreseing du ministre des finances. Ces arrêtés seront insérés au *Bulletin des Lois* et régularisés de la manière suivante : s'il s'agit de crédits supplémentaires, les crédits ouverts par arrêté seront soumis à l'approbation législative dans un seul projet de loi à l'époque fixée par l'article 12 ci-après. »

L'article 11 fixe « les cas dans lesquels les crédits extraordinaires peuvent être demandés ; il faut qu'il y ait urgence et que la dépense n'est pu être prévue dans le budget. »

L'article 12 a trait aux crédits supplémentaires : il ordonne au ministre de les réunir tous les ans et de présenter aux Chambres en un seul projet de loi toutes les ordonnances avec indication des voies et moyens.

L'article 13 déclare que les ordonnances ne peuvent porter, en cas d'insuffisance du budget, que sur les services que la loi de 1834 appelle services votés et dont la liste est annexée tous les ans au budget des dépenses.

Cette loi très rigoureuse eut absolument le même effet que celles que nous avons analysées jusqu'ici, et, dès le mois de février, les demandes de crédits extra-budgétaires s'élevèrent à la somme de 53 millions.

Aussi une nouvelle loi ne tarda pas à faire son apparition : elle porte la date du 16 mai 1851 ; l'article 1er supprime purement et simplement les crédits complémentaires qui ne sont qu'une déviation de la comptabilité (1).

L'article 2 dit que le projet de loi doit contenir l'ensemble de la dépense, qu'elle s'applique à un ou à plusieurs ministères, il doit indiquer comment il sera pourvu au paiement ; s'il ne peut être effectué sur les ressources de l'exercice, le crédit est mis au compte de la dette flottante. C'est le ministre des finances qui présente en bloc les demandes de crédits extra-budgétaires dont le besoin s'est fait sentir dans le délai d'au moins un mois. On voulait de cette façon éviter que certains dépassements de crédits ne pussent être oubliés par inattention des Chambres.

Malgré tout, sous la deuxième République, les crédits supplémentaires ne firent que s'accroître ; il faut toujours en chercher la raison dans cet antagonisme du gouvernement et du pouvoir législatif que nous avons signalé précédemment (2).

Le système financier organisé par la Constitution de 1852 apporta de graves modifications à la législation des crédits extra-budgétaires. Nous l'avons vu (3), l'article 12 *in fine* du S.-C. du 25 décembre rétablissait au profit des ministres ordonnateurs la faculté de virement de chapitre à chapitre d'un même département.

(1) Voir le rapport de M. Corne sur les propositions de MM. Creton et Sauvaire Saint-Barthélemy dans le *Moniteur* du 14 avril 1851.

(2) Page 26.

(3) Section I, page 18.

Selon Troplong, rapporteur du Senatus-Consulte, cette nouvelle combinaison aurait pour effet « de renfermer strictement le budget dans des bornes infranchissables ».

Bineau, ministre des finances, exprimait la même idée quand il prévoyait « qu'elle devait supprimer la presque totalité des crédits supplémentaires » (1).

De son côté, M. Schneider, dans son rapport sur la loi des finances de 1854, déclarait « qu'il fallait attendre de ce système un double avantage : d'une part, le ministre, obligé de se renfermer en définitive dans les limites de son budget, sera naturellement appelé à réaliser toutes les économies partielles compatibles avec les besoins du service, et d'autre part, on pourra voir disparaître ces annulations de crédits et ces crédits supplémentaires qui venaient chaque année bouleverser les prévisions et rendaient trop illusoire le vote du budget » (2).

Ce n'étaient là que de vaines espérances ; le système nouveau qui enlevait à la nation un droit acquis, ne donna pas à notre organisation budgétaire cette stabilité dont le souci servit de prétexte à l'extension démesurée des prérogatives du pouvoir exécutif. Il suffit pour s'en convaincre de jeter un regard sur le compte général de l'administration des finances pour l'année 1869 (3).

(1) Rapport du 8 février 1853.
(2) Voir L. Say, op. cit. pp. 579 et 580.
(3) Pages 518-519.

Budget des dépenses de la France de **1848** à **1868** inclus.

ANNÉES	Estimation des Dépenses et le Budget primitif.	Dépenses réellement effectuées.	DÉFICIT — EXCÉDENT +
	Milliers de francs.	Milliers de francs.	
1848	1.824.686	1.770.960	+ 53.726
1849	1.591.398	1.646.304	— 54.906
1850	1.460.696	1.972.637	— 11.941
1851	1.435.571	1.461.329	— 25.757
1852	1.504.716	1.513.103	— 8.387
1853	1.488.003	1 547.597	— 59.594
1854	1 538 876	1.998.078	— 459.202
1855	1.573 208	1.399.217	— 826.009
1856	1.620.006	2.195.781	— 575.715
1857	1.752.485	1.892.526	— 140.048
1858	1.761.494	1.858.493	— 96.992
1859	1.775.637	2.207.660	— 432.023
1860	1.830.625	2.084.091	— 253.465
1861	1.863.499	2.170.988	— 307.489
1862	1.991.305	2.212.839	— 221.534
1863	2.082.882	2.287.069	— 204.106
1864	2.127.954	2.256.706	— 128.752
1865	2.117.364	2.147 191	— 29.826
1866	2.097.307	2.203.074	— 105.767
1867	1.920.597	2.169.764	— 249 166
1868	1.980.833	2.137.054	— 156.226

La faculté de virement n'arrêta pas l'augmentation des crédits supplémentaires et le décret impérial du 31 mai 1862 portant règlement général sur la comptabilité publique (1) montre bien que toute difficulté n'était pas aplanie :

(1) Voir supplément du *Moniteur*, 14 juin 1362.

Article 41. — Les ministres ne peuvent, sous leur responsabilité, dépenser au delà des crédits ouverts à chacun d'eux, ni engager aucune dépense nouvelle avant qu'il ait été pourvu au moyen de la payer par un supplément de crédit.

Article 42. — Le ministre des finances ne peut, sous sa responsabilité, autoriser les payements excédant les crédits ouverts à chaque ministère.

Exercices.	Crédits accordés par la loi des finances pour le budget ordinaire.	Crédits supplémentaires et extraordinaires admis par bill d'indemnité.	Total des crédits absorbés.
71	1.682.504.252	304.233.142	1.986.739.400
72	2.334.759.201	272.363.365	2.607.122.573
73	2.374.804.134	334.266.345	2.709.070.479
74	2.532.689.922	37.434.822	2.570.124.744
75	2.584.452.831	82.458.360	2.666.891.191
76	2.570.505.513	143.824.897	2.714.330.410
77	2.736.247.962	51.955.953	2.788.203.915
78	2.781.035.095	375.670.903	3.156.705.998
79	2.700.087.792	240.194.940	2.940.282.732
80	2.749.485.756	124.899.824	2.874.385.580
81	2.763.400.423	118.003.052	2.881.403.475
82	2.854.232.905	168.792.260	3.023.025.165
83	3.044.366.806	56.034.111	3.100.400.911
84	3.025.373.006	96.559.733	3.121.932.739
85	3.022.385.377	180.910.899	3.203.296.276
86	3.015.474.036	45.954.272	3.064.428.308

Après la guerre malheureuse de 1870, les dépassements de crédits pouvaient à la rigueur s'expliquer par le bouleversement jeté dans nos finances publiques par notre désastre et toutes ses conséquences.

Mais, même quand cette cause d'incertitude cessa d'exister, les dépassements de crédit subsistèrent et nous les voyons en 1875 (1), par exemple, s'élever à plus de 375 millions. Était-il étonnant dans ces conditions que le législateur cherchât par une bonne loi à éviter ce désarroi fâcheux dans nos finances ?

La loi sur les crédits supplémentaires et extraordinaires à ouvrir par décret pendant la prorogation des Chambres, du 14 décembre 1879, dispose :

Article premier. — Il ne peut être accordé de crédits supplémentaires et extraordinaires qu'en vertu d'une loi.

Article 2. — (2).

Article 3. — Tout crédit extraordinaire forme un chapitre particulier du budget de l'exercice pour lequel il a été ouvert, à moins, en ce qui concerne les départements de la guerre et de la marine, que le service ne se rattache d'une manière indivisible à un chapitre déjà existant.

Article 4. — Dans le cas de prorogation de la Chambre tel qu'il est défini dans le paragraphe premier de la loi constitutionnelle du 16 juillet 1875, des crédits supplémentaires et extraordinaires pourront être ouverts provisoirement par des décrets rendus en Conseil d'État, après avoir été délibérés et approuvés en Conseil des ministres ; ils indiqueront les voies et moyens qui seront affectés aux crédits demandés.

Ces décrets devront être soumis à la sanction des

(1) Voir page 31.

(2) L'article 2 de cette même loi définit ainsi les crédits extraordinaires et supplémentaires : les crédits supplémentaires sont ceux qui doivent pourvoir à l'insuffisance dûment justifiée d'un service porté au budget et qui ont pour effet l'exécution d'un service déjà voté sans modification dans la nature de ce service. Les services extraordinaires sont ceux qui sont commandés par des circonstances urgentes et imprévues et qui ont pour objet ou la création d'un service nouveau ou l'extension d'un service inscrit dans la loi de finances au delà des bornes déterminées par cette loi,

Chambres dans la première quinzaine de leur plus prochaine session.

Article 5. — Pourront seuls donner lieu à ouverture de crédits supplémentaires les services votés (1), dont la nomenclature sera annexée chaque année à la loi de finances.

Les crédits extraordinaires qui ont pour objet la création d'un service nouveau ne pourront être ouverts par décret.

Cette loi n'a eu aucun résultat; il suffit pour s'en convaincre d'examiner le tableau ci-joint. Dans une période relativement courte, il y a eu pour plus de 300 millions de dépassements de crédits.

Situation résumée des crédits extra-budgétaires de 1891 à 1897 (2).

Exercices.	CRÉDITS ouverts.	CRÉDITS ANNULÉS			EXCÉDENT	
		au cours de l'exercice	en règlement.	Total.	des ouvertures.	des annulations
	Millions.	Millions.	Millions.	Millions.	Millions.	Millions.
1891	161	30	89	119	42	»
1892	182	32	70	102	80	»
1893	134	14	73	87	47	»
1894	141	26	73	99	42	»
1895	71	14	70	84	»	13
1896	86	21	50	71	15	»
1897	168	20	56	76	92	»

(1) *Les services votés* sont ceux dont l'importance annuelle est variable et dont il est impossible de régler d'avance la dépense d'une manière certaine et précise.

Les services définitifs sont ceux pour lesquels les allocations consenties ne peuvent jamais être dépassées par les ministres ordonnateurs.

(2) Documents parlementaires de la Chambre des députés.

Rapport de M. Camille Pelletan, député, séance du 29 novembre 1898. Annexe n° 452.

SECTION III

CONTROLE PRÉVENTIF DE L'ORDONNANCEMENT

La législation actuelle assure de deux façons la surveillance des dépenses effectuées par les ministres :

1° Par le contrôle préventif de l'administration elle-même.

2° Par le contrôle parlementaire.

Avant d'entrer dans le détail de cette législation, il convient de faire une distinction entre *l'ordonnan-cement immédiat des dépenses effectuées*, excédant les crédits votés par le Parlement et *l'engagement des dépenses non inscrites au budget*, qui sans entraîner un ordonnancement immédiat aboutissent fatalement à des dépenses étrangères au budget (1). Le contrôle de l'engagement des dépenses est le *corollaire* indispensable du contrôle de l'ordonnancement, car les créanciers de l'État doivent de toute nécessité être payés, même quand l'ordonnateur a excédé ses pouvoirs et la créance existe non du jour de l'ordonnancement, mais du jour où la dépense a été faite.

§ 1. — *Contrôle exercé par l'administration elle-même.*

L'administration surveille à la fois l'ordonnancement et l'engagement des dépenses :

1° *Le Contrôle préventif de l'ordonnancement* se manifeste de deux façons :

(1) Voir : Article de M. Emmanuel Besson. — *Le Contrôle des finances de l'État.* — *Revue politique et parlementaire,* fév. 1897. p. 377.

A) *Rôle de la comptabilité centrale de chaque ministère:*

L'article 296 du décret du 31 mai 1862 a institué dans chaque ministère un bureau chargé de centraliser sur un grand-livre les demandes adressées par les divers services pour leurs besoins du mois suivant. En regard de ces demandes une colonne du grand-livre indique par chapitre le montant des crédits accordés. De cette façon, chaque jour, le ministre peut se rendre compte de l'état de sa gestion et ne signer que les ordonnances pour lesquelles un crédit est disponible : en un mot le ministre peut se contrôler lui-même.

B) *Rôle de la direction du mouvement général des fonds :*

Tous les mois, les ordonnances de chaque ministère sont envoyées à la direction du mouvement général des fonds, — instituée au ministère des finances — qui s'assure qu'elles ne dépassent pas les crédits votés. Ce bureau tient à jour pour chaque département ministériel un carnet contenant, d'une part, le montant des sommes allouées par la loi des finances, de l'autre, le montant des ordonnances de paiement et de délégation (1) : le ministre des finances s'assure ainsi que ses collègues s'enferment strictement dans le cadre des crédits alloués et, en outre, que le montant des fonds mensuellement distribués à chacun d'eux en vertu d'un décret signé par le Président de la République, — (articles 61 et 83 du décret du 31 mai 1862) — n'est pas dépassé.

(1) On désigne ainsi les ordonnances par lesquelles le ministre délègue ses pouvoirs à des subordonnés : préfets, ingénieurs, intendants, etc.

En cas de dépassement, le ministre des finances prévient son collègue que la direction du mouvement général des fonds refuse de viser l'ordonnance irrégulière et qu'en conséquence un crédit supplémentaire doit être demandé au Parlement.

2° *Contrôle préventif de l'engagement des dépenses effectuées :*

La loi de finances du 26 décembre 1890 a institué ce contrôle déjà depuis longtemps pratiqué en Belgique, en Italie, en Angleterre et en Hollande. Aux termes de l'article 59 « dans chaque ministère, il sera tenu une comptabilité des dépenses engagées. Les résultats de cette comptabilité seront fournis mensuellement à la direction générale de la comptabilité publique. Un décret, rendu sur la proposition du ministre des finances, déterminera les formes de cette comptabilité. »

Ce décret a paru le 14 mai 1893 : il pose en principe que toute dépense nouvelle, c'est-à-dire qui n'a pas un caractère obligatoire et permanent, avant d'être engagée, avant de recevoir un commencement d'exécution, ne doit être soumise à l'approbation du ministre qu'après avoir été visée par le chef du service de contrôle institué à cet effet dans chaque ministère.

Ce chef du service de contrôle est en France un simple fonctionnaire de l'ordre administratif. Le contrôleur n'est pas juge de l'opportunité ni de l'utilité de la dépense : il ne peut refuser son visa qu'au cas d'imputation inexacte ou en cas d'absence de crédit disponible.

§ 2. — *Contrôle parlementaire.*

L'article 52 de la loi de finances de l'exercice 1896

ordonne au gouvernement de faire distribuer aux Chambres en même temps que le projet de budget l'état de la situation des dépenses engagées au 31 décembre précédent.

C'est de cette façon seulement que les membres du Parlement peuvent se rendre un compte exact des besoins de l'État pour l'année qui va s'ouvrir.

En réalité ce contrôle est illusoire puisque les membres du pouvoir législatif se trouvent en présence de dépenses déjà effectuées.

D'autre part, le décret de 1890 n'a pas donné les résultats qu'on en attendait : le contrôle de l'engagement des dépenses est un principe excellent, en fait il n'a été d'aucune efficacité. M. Delombre le constatait amèrement au mois de décembre 1895, au nom de la Commission du budget, dans son rapport sur les crédits additionnels (1) :

« Votre Commission remarque avec regret que l'organisation de la comptabilité des dépenses engagées a été loin de fournir un résultat même encourageant, pour les années 1892, 1893, 1894. Il ne faut pas oublier que les dépenses sur exercices clos, pour lesquelles les crédits sont demandés par voie législative, correspondent à des dépassements de crédits. Dans l'esprit du législateur de 1890, la création de la comptabilité des dépenses engagées devait avoir pour effet de renseigner exactement les ministres sur la situation des crédits mis à leur disposition ; non-seulement il espérait ainsi limiter les demandes de crédits supplémentaires, mais

(1) Annexe à la séance de la Chambre du 13 décembre 1895. — *Journal-Officiel* du 19 janvier 1896. — Débats parlementaires, page 1581, col. 1.

les dépassements n'auraient pu se produire que dans des circonstances assez rares. Par conséquent, si les demandes de crédits que nous signalons plus loin ont pu se produire, c'est que les dispositions jusqu'ici adoptées ne sont pas suffisantes. » (1)

Deux critiques essentielles peuvent être faites à la conception française du contrôle préventif de l'ordonnancement :

1° Le ministre des finances, averti par la direction du mouvement général des fonds, fera rarement des observations sévères à celui de ses collègues lui présentant une ordonnance irrégulière et le visa ne sera jamais refusé, en pratique, par le bureau du ministère des finances (2).

2° Mais le point faible de notre législation c'est qu'en matière d'engagement de dépenses, le chef du contrôle, fonctionnaire administratif, n'aura pas le courage et l'indépendance nécessaires pour faire à son ministre des remontrances capables de le retenir dans la légalité.

---

(1) Dans la séance du 12 décembre 1898, M. Pelletan, rapporteur général du budget de l'exercice 1898, a promis au nom de la Commission, d'apporter une sanction législative suffisante pour prévenir le retour de ces abus.— *J. Offi.* — Ch. des Députés, 13 décembre 1898.

(2) Dans son discours de rentrée prononcé le 16 octobre 1896, à la Cour des Comptes, M. le Procureur général Renaud, constate que si le contrôle de la direction du mouvement général des fonds peut parfois être efficace en matière de dépassements de crédits, il est presque toujours illusoire à l'encontre des fausses imputations, c'est-à-dire, interversion de chapitre à chapitre, etc. — *Contrôle de l'ordonnancement des dépenses publiques par la Cour des Comptes.* — Journal *Le Droit* du 22 octobre 1896.

APPENDICE A LA SECTION III

APERÇU DE QUELQUES LÉGISLATIONS ÉTRANGÈRES
RELATIVES AU CONTROLE PRÉVENTIF DE L'ORDONNANCEMENT

§ 1. — *Législation belge* (1).

En Belgique, l'article 14 de la loi organique de la Cour des Comptes du 29 octobre 1846 décide qu'« aucune ordonnance de paiement n'est acquittée par le Trésor qu'après avoir été munie du visa de la Cour des Comptes.

« Lorsque la Cour ne croit pas devoir donner son visa, les motifs de son refus sont examinés en Conseil des ministres;

« Si les ministres jugent qu'il doit être passé outre au paiement sous leur responsabilité, la Cour vise avec réserve.

« Elle rend compte de ses motifs dans ses observations annuelles aux Chambres. »

La Cour n'est pas juge de l'opportunité de la dépense, elle ne peut examiner que sa légalité et sa régularité.

Elle n'a aucun contrôle sur l'engagement des dépenses, mais elle a le droit de se faire adresser les procès-verbaux des marchés ou adjudications faits au nom de l'État ; elle sera ainsi exactement renseignée lors du contrôle *a posteriori*.

En matière d'ordonnancement, l'article 14, nous l'avons vu, pose le principe du visa préalable. L'article 5 § 2 de la loi du 29 octobre 1846 l'avait déjà fait prévoir : « La

(1) Voir pour plus de détails l'article de M. Victor-Marcé : *Annexes à l'étude sur la Cour des Comptes et la Comptabilité publique en Belgique.* — Cette étude se trouve dans le Bulletin de la Société de Législation comparée. — Année 1892-93. Page 385.

Cour veille à ce qu'aucun article des dépenses du budget ne soit dépassé et à ce qu'aucun transfert n'ait lieu. »

Le contrôle préventif porte sur l'imputation et sur la liquidation de la dépense : ne sont dispensées de l'examen de la Cour que les dépenses dites fixes, c'est-à-dire les abonnements, les traitements, les pensions.

« La Cour a le droit de se faire fournir tous états et renseignements relatifs à la recette et à la dépense des deniers de l'État et des provinces. » (1)

Lorsqu'une ordonnance de paiement paraît irrégulière à la section de contrôle, soit quant à la légalité de la dépense, soit en ce qui concerne l'imputation budgétaire, la section fait un rapport à la Cour, qui se réunit en assemblée générale. Si la Cour des Comptes s'associe aux conclusions du rapport, elle refuse son visa à l'ordonnance et envoie directement au ministre intéressé ses observations. Les ministres se réunissent en Conseil, retirent l'ordonnance ou décident qu'il sera passé outre ; dans ce dernier cas, la Cour vise avec réserve, sous la responsabilité des ministres.

La Cour des Comptes est responsable de l'ordonnancement toutes les fois qu'elle aura donné son visa sans réserve (2).

§ 2. — *Législation italienne* (3).

1° Contrôle de l'engagement. — La loi du 14 août 1862, art. 14, donne à la Cour des Comptes le contrôle de l'engagement des dépenses :

(1) Art. 5 § 4 de la loi organique de la Cour des Comptes.

(2) Victor Marcé, op. cit., pages 423 et 424.

(3) Voir pour plus de détails l'article de M. V. Marcé, « La Cour des Comptes italienne, » publié par les Annales de l'École libre des sciences politiques. — 1890, pages 280 et suiv.

« Sont présentés à la Cour des Comptes, pour qu'elle
y appose son visa et les fasse transcrire sur ses regis-
tres, tous les décrets qui approuvent des contrats et qui
autorisent des dépenses, quelle qu'en soit la forme ou
la nature, tous les actes de nomination, promotion ou
déplacement de fonctionnaires, et ceux qui confèrent
des traitements, des pensions ou autres assignations à
la charge de l'État. Sont exceptés, les décrets et les
actes qui concèdent des indemnités ou des rétributions
pour une seule fois, qui n'excèdent pas 2.000 lires. »

Ce contrôle a pour but d'assurer l'exécution fidèle
des lois de finances votées par le Parlement. Il existe
en Italie, à la direction générale de la comptabilité publique, un document qui permet à la Cour de se rendre
suffisamment compte de l'engagement des dépenses ;
il fait ressortir le détail des dépenses engagées : 1° par
exercice, 2° par nature, et donne le total de l'ensemble
de ces dépenses.

La Cour des Comptes italienne est juge de la *légalité*
et non de l'*opportunité* des opérations faites par les
ministres ; mais son pouvoir de contrôle ne s'exerce
pas toujours avec la même efficacité ; si le contrat viole
la loi de finances, la Cour, en aucun cas, ne peut être
forcée à signer le décret d'engagement ; si le marché
est fait contrairement aux autres lois ou règlements, la
Cour, sous certaines conditions, peut être tenue au visa
avec réserve.

« Il est à noter, et c'est là le point important, que
l'enregistrement de l'acte du pouvoir exécutif n'enlève
ni n'ajoute rien à sa validité et à sa légalité intrin-
sèques, à telles enseignes que l'enregistrement d'un
contrat par la Cour ne suffit pas pour couvrir la nullité

dont il pourrait être entaché et que la même Cour pourra opposer plus tard quand elle jugera au contentieux. » (1)

2° Contrôle de l'ordonnancement. — L'article 20 de la loi de 1862 soumet les ordonnances ministérielles au visa de la Cour des Comptes :

« Les mandats et les ordres de paiement doivent être soumis, avec les pièces justificatives à l'appui, à l'enregistrement et au visa de la Cour des Comptes, de la manière et dans les formes établies par la loi et les règlements... »

Ce contrôle préventif porte sur deux points :

a) La dépense a-t-elle été prévue au budget et n'y a-t-il pas de dépassement de crédits ?

b) A-t-elle été exactement imputée sur le chapitre qui devait la supporter ? (2)

Si la dépense paraît irrégulière, parce qu'elle n'est pas conforme aux lois budgétaires, la Cour refuse son visa. D'après la loi de 1862, les ministres pouvaient l'obliger à donner son visa avec réserve ; mais, depuis la loi du 22 avril 1869, art. 30, la Cour est souveraine et son refus est sans appel.

Toutefois -- ainsi qu'en Belgique — lorsque la Cour refuse son visa en se basant sur la non observation de lois autres que les lois de finances, elle peut être tenue de donner le visa avec réserve et le paiement s'effectue sous la responsabilité des ministres.

D'ailleurs, le visa même pur et simple de la Cour ne dégage pas cette responsabilité civile des ministres

(1) Victor Marcé, op. cit. page 288.
(2) Victor Marcé, op. cit. page 449.

(art. 52 de la loi du 22 avril 1869). Pour s'éclairer dans son contrôle, la Cour des Comptes a le droit de se faire communiquer toutes les pièces justificatives et tous les documents qu'elle juge nécessaires.

Le principe de la conception du système italien est qu'il vaut mieux prévenir que réprimer : on pourrait cependant critiquer cette extension exagérée des pouvoirs de la Cour des Comptes qui, subordonnant en quelque sorte à celle-ci presque tous les actes du pouvoir exécutif, n'est pas en harmonie avec la plupart des Constitutions modernes qui font de la responsabilité ministérielle devant les Chambres la base du gouvernement parlementaire.

CHAPITRE II

CONTRÔLE DE L'EXÉCUTION DU BUDGET ;
DE LA RESPONSABILITÉ CIVILE DES MINISTRES
EN MATIÈRE DE DÉPASSEMENTS DE CRÉDITS.

Section I. — La responsabilité civile des ministres doit-elle rationnellement exister ?

Section II. — Avantages et inconvénients d'une réglementation de la responsabilité civile.

Section III. — De la situation juridique du ministre ; nature de son mandat ; étendue de sa responsabilité.

Section IV. — Nature de l'action en responsabilité intentée contre le ministre.

Toutes les lois que nous avons étudiées dans le chapitre précédent avaient pour but d'assurer le respect de la loi de finances votée par les Chambres, en multipliant, autour des dépassements de crédits, les formalités et les obstacles.

Cette législation, destinée à éclairer le ministre, à fixer une limite à ses droits, peut être appelée la législation préventive des dépenses extra-budgétaires ; si les résultats qu'on attendait d'elle avaient été obtenus, le mal aurait été détruit à son origine et la question de la responsabilité civile des ministres ne se poserait pas ; mais il en a été autrement, aucune loi n'a produit d'effet appréciable, et les ministres ont continué à considérer les dépassements de crédits non pas, peut-être, comme un droit, mais comme une pratique consacrée par l'usage ; toute réglementation préventive s'est brisée contre cette prescription depuis longtemps établie.

Dans la suite de cette étude, nous allons nous demander si les dépenses irrégulièrement faites par les ministres sans l'autorisation des Chambres doivent définitivement rester à la charge de l'État, ou s'il ne serait pas nécessaire d'organiser, *a posteriori,* un contrôle étroit destiné à rechercher parmi tous les crédits extra-budgétaires ceux qui ont été dépensés sans aucune utilité, pour les laisser au compte du ministre contrevenant.

SECTION I

LA RESPONSABILITÉ CIVILE DES MINISTRES DOIT-ELLE RATIONNELLEMENT EXISTER ?

Au premier abord, n'est-il pas conforme aux idées de droit naturel que tout homme, à quelque degré de l'échelle sociale qu'il appartienne, se doit à lui-même, à sa dignité personnelle, de répondre de ses paroles et de ses actes, et n'est-ce pas rabaisser une catégorie d'individus que de créer pour eux une exception aussi anormale en les déclarant irresponsables ? Toute la valeur de nos actions repose sur le principe du libre arbitre et la distinction entre le bien et le mal n'existerait pas si nous n'avions conscience d'un « moi » responsable.

Cette responsabilité que nous avons envers nous-mêmes, une règle sociale absolue exige que nous l'ayons tous envers les autres.

Les ministres qui ont pour mission de gérer les affaires de l'État et qui, en cette qualité, peuvent commettre des actes lésant des intérêts particuliers ou généraux, devraient donc nécessairement être soumis à la règle que nous venons de formuler, sans qu'un doute pût s'élever à cet égard dans l'esprit de personne. Et cependant, il en est autrement : certains auteurs ont prétendu que cette théorie de la responsabilité, qui est indispensable dans les rapports des individus entre eux, doit cesser d'être appliquée quand il s'agit des hommes qui sont au pouvoir, parce que l'étendue et la nature de leurs fonctions leur fait une situation absolument différente de celle des autres citoyens.

La raison d'État, terme vague et élastique, veut qu'ils aient la liberté d'entreprendre tous les projets qu'ils jugent utiles à la chose publique, sans qu'ils soient gênés plus tard par des procès ou des revendications pécuniaires.

D'après eux, quand on a choisi le ministre, quand on lui a manifesté aussi clairement la confiance que le pays mettait en lui, on s'est entièrement reposé sur sa loyauté pour l'administration et la gestion des intérêts de l'État; tant que cette confiance persistera, le ministre ne relèvera que de sa conscience. Il y aurait donc une sorte d'immoralité à rompre ainsi le pacte tacite qui a été conclu au moment de son entrée en fonctions, et il serait contraire à l'équité de lui faire supporter les conséquences de son erreur.

Ce système, qui conclut à l'irresponsabilité absolue du ministre, fut soutenu par Lamartine en 1835 à la Chambre des députés (1) ; il partait de ce principe que pour appliquer une législation à un acte, il faut remonter à l'esprit de cet acte, et il en arrivait à cette conclusion que le dépassement de crédits, acte évidemment administratif, ne saurait faire naître aucune action au

(1) *Moniteur Universel* du 20 mars 1835.

profit de l'État, à moins que le ministre ne fût coupable de concussion ou de dilapidation.

« Quand un ministre, en l'absence des Chambres et devant une insuffisance de fonds, ou devant une nécessité du pays démontrée, prend sur lui de dépasser son crédit et de pourvoir ainsi aux intérêts de l'État, certes il n'a jamais la pensée que ce qu'il prend ainsi sur lui, sur sa responsabilité administrative et morale, il le prend sur sa fortune, sur celle de sa femme et de ses enfants et de sa famille ! Cela est absurde à soutenir ! »

Et il terminait en s'écriant : « La responsabilité, c'est la conscience, c'est l'Histoire, aucune autre n'est possible. » (1)

Il est très facile de réfuter le système de Lamartine et de démontrer qu'il n'est fait que de pur sentiment et de paroles généreuses ; or, il faut soigneusement écarter toute sensiblerie en matière budgétaire, car il s'agit de la prospérité des finances de la nation.

Quand les Chambres accordent leur confiance au ministre, il ne s'ensuit pas nécessairement qu'elles entendent ratifier sans contrôle sa gestion administrative. Chaque jour, il arrive que des particuliers sont trompés par tel de leurs employés qu'ils croyaient le plus fidèle ; le tribunal va-t-il leur répondre : « Votre commis ne relève que de sa conscience ? » De même pour les ministres ; nommés avec l'assentiment tacite du Parlement, ils doivent correctement remplir leur mandat ; c'est à cette condition seule que cet accord persistera. Quand, sans l'assentiment des Chambres, ils font des dépenses non prévues au budget, il est inadmissible de prétendre — sous prétexte que jusque-

(1) *Moniteur Universel* du 20 mars 1835.

là la confiance des représentants de la nation ne leur a jamais fait défaut, — qu'ils ne sont pas responsables, même d'un acte fort préjudiciable aux intérêts de l'État.

Nous admettons qu'on se montre très indulgent pour le ministre qui, de bonne foi, n'ayant en vue que le bien public, a été trompé par les circonstances ; mais était-ce dans l'intérêt général que M. de Peyronnet installait dans son ministère une salle à manger d'un luxe exagéré ? Était-ce dans l'intérêt général bien entendu que M. de Montbel faisait griser les soldats en juillet 1830 ? Il serait facile de multiplier les exemples.

L'homme politique, avant d'accepter le portefeuille que lui offre le chef de l'État, doit se replier en lui-même et se demander si la tâche qu'on va lui imposer n'est pas trop lourde.

Certes, il est aisé de se laisser tromper en cette matière par les conseils de son amour-propre, et il est difficile à chacun de nous d'apercevoir ses propres défauts ; mais, si l'examen que le futur ministre fait de ses facultés, de ses aptitudes administratives, est trompeur, si la réflexion lui a transmis sa propre image trop flattée, est-ce à l'État, est-ce à la fortune publique à supporter les conséquences de sa fatuité ? Et quand cet homme, devenu ministre, commettra une faute grossière, une négligence coupable, est-il contraire à l'équité de lui demander compte de son ignorance ou de sa mauvaise gestion ? C'est tout simplement faire acte de justice ; cela engagera les ministres futurs à ne pas oublier que ce n'est pas au pouvoir qu'ils doivent faire leur apprentissage d'administrateurs.

Les vrais hommes d'État, qui seront en même temps d'honnêtes gens, n'auront rien à craindre du principe

4

de la responsabilité ; au contraire, il leur donnera à un plus haut degré conscience de leur dignité et de la valeur de leurs actes. Ceux qui auront une foi robuste dans leur loyauté et qui s'estimeront aptes à remplir leur mandat seront persuadés d'avance qu'ils n'ont rien à craindre pour la fortune de leurs enfants et celle de leur famille ; la certitude de bien remplir leur devoir leur donnera l'assurance que cette loi a été écrite pour d'autres que pour eux et qu'ils sont en dehors de ses atteintes.

SECTION II

AVANTAGES ET INCONVÉNIENTS D'UNE RÉGLEMENTATION DE LA RESPONSABILITÉ CIVILE

Beaucoup d'auteurs (1), qui d'ailleurs reconnaissent le bien fondé du principe de la responsabilité, estiment qu'en fait il est bien préférable qu'aucune loi ne vienne réglementer la question, parce que, s'il est difficile d'apercevoir les avantages que l'État retirerait d'une action en dommages et intérêts contre un ministre, en revanche il est bien évident que la possibilité d'une pareille mesure serait la source de fort graves difficultés. Les arguments qu'on a développés pour soutenir cette

(1) Voici ce que dit Rossi dans son Cours de Droit constitutionnel, t. 4, p. 376. — « La règle générale de la réparation civile est-elle applicable aux ministres? Si l'on part du fait en soi, le doute n'est pas permis. Il est incontestable que le ministre concussionnaire, prévaricateur, en même temps qu'il commet un mal moral, produit aussi un mal matériel et appréciable et par la nature des choses est responsable du dommage causé. Mais la responsabilité civile *dans l'application offre de graves inconvénients.* »

idée sont très anciens ; depuis qu'on discute sur la question, un grand nombre d'orateurs les ont apportés à la tribune sous des formes multiples. Nous allons essayer de les exposer le plus brièvement et le plus clairement possible.

Ils peuvent être ramenés à quatre idées essentielles :

1° Cette réglementation sera illusoire pour combler le vide du Trésor.

2° Elle pourra servir d'instrument aux mesquines rancunes de la majorité.

3° Elle écartera du pouvoir tous les hommes ayant quelque fortune.

4° La crainte qu'elle inspirera aux ministres les fera souvent s'abstenir, même en présence d'opérations utiles à l'État.

§ 1. — *Inefficacité de cette réglementation.*

Que sera, a-t-on dit, cette réparation que vous procurerez à l'État en lui offrant la fortune personnelle du ministre ? « car, pour l'honneur de l'espèce humaine, il faut croire que si un ministre se ravale jusque là, il le fera pour des sommes considérables. Eh bien ! qu'elle réparation pourrez-vous obtenir d'un ministre qui a dilapidé des millions ?. » (1)

Nous reconnaissons que la plupart du temps toute la fortune du ministre négligent ne comblera pas le vide immense fait au Trésor ; mais, puisqu'on reproche à la réglementation de la responsabilité pécuniaire de ne pas être pratique, nous indiquons un moyen qui diminuerait singulièrement les déficits causés à la caisse pu-

(1) Rossi, op. cit., p. 378.

blique : qu'importe qu'une première, une deuxième fois l'indemnité procurée à l'État soit illusoire, s'il est certain que cet exemple fera réfléchir les ministres qui viendront après et qui, désormais, hésiteront à commettre des illégalités ou à abandonner à des subalternes le souci des intérêts capitaux de la nation !

« Il n'y a rien d'aussi efficace que la responsabilité pécuniaire pour faire l'éducation civile d'un fonctionnaire. Quand on doit payer son ignorance, on est vite éclairé. » (1)

La perspective d'une amende pécuniaire doit être une sorte de remède préventif : sans vertu quand le mal existe, il sera souverain pour en empêcher l'éclosion. « Ici, comme dans toute l'organisation de la responsabilité ministérielle, ce qu'on cherche à atteindre ce n'est pas tant le résultat immédiat et direct, le paiement d'une somme d'argent à l'État, qu'un effet plus éloigné et d'une nature préventive, empêcher les ministres de commettre des fautes dans la crainte d'exposer leur fortune personnelle. » (2)

§ 2. — *Des poursuites pécuniaires serviront d'instrument aux rancunes de la majorité.*

Il est à craindre qu'après la chute du ministre, en épluchant les comptes de sa gestion, ses adversaires de la veille, maintenant les maîtres du pouvoir, ne suscitent une action contre lui à propos d'une somme minime, résultat d'une erreur insignifiante : un procès engagé dans ces conditions ne revêtira-t-il pas un carac-

(1) Laboulaye : Le Parti libéral, p. 170.
(2) Jean Clos : La responsabilité des ministres, p. 230.

tère de tracasserie et de petitesse dont ne saurait s'accommoder la dignité d'un Parlement ? Il serait intolérable, dit-on, que l'exercice d'un droit de cette nature eût pour conséquence de mettre entre les mains des pouvoirs publics un instrument de rancune, de mesquine vengeance, et d'exposer des hommes qui ont peut-être cru rendre service à leur pays à devenir les victimes de leurs détracteurs.

Nous ne voulons pas nier absolument la valeur de cette objection ; il est certain que l'esprit de parti peut entraîner les hommes politiques à se montrer quelquefois injustes vis-à-vis de leurs adversaires : la correction des mœurs parlementaires est chose essentiellement variable, et on ne peut pas *a priori* jurer que des membres de l'opposition, arrivés au pouvoir, auront assez de magnanimité pour ne pas abuser de leur droit de contrôle ; que leur honneur, leur loyauté, leur feront un devoir de ne pas enrayer le bon fonctionnement de l'administration publique par des tracasseries odieuses, et qu'ils n'hésiteront pas à admettre une dépense même inutile toutes les fois que le ministre pourra démontrer qu'il a été induit en erreur par des circonstances qu'il ne pouvait prévoir et qu'il n'y aura à lui reprocher qu'une légère négligence. Mais, on peut du moins l'espérer, surtout si l'on songe que ces vilenies entraîneraient des représailles : quel sera le ministre qui, à l'avance, pourra être sûr de ne point commettre dans sa gestion de légères négligences ? Les membres de son parti réfléchiront avant d'employer des armes qu'on pourra retourner contre lui à brève échéance.

§ 3. — *Le système de la responsabilité pécuniaire écartera du pouvoir tous les hommes ayant de la fortune.*

Quels sont ceux, disait Lamartine en 1835, qui désormais voudront accepter un mandat qui peut entraîner la ruine de leur famille ?

Mais n'existe-t-il pas dans l'administration des finances des fonctionnaires desquels on exige d'énormes cautionnements ? A-t-on jamais vu que des emplois de ce genre fussent vacants ?

Rassurons-nous : quelque fréquents que soient les changements de ministère, que la responsabilité pécuniaire existe ou n'existe pas, nous aurons toujours des ministres sans avoir besoin d'aller les choisir parmi les insolvables.

« Cette menace de Damoclès, écrit M. Roussel, n'entraînerait certainement pas une disette de candidats, parce que le pouvoir a des attraits bien légitimes pour tous les hommes et d'autant plus vifs qu'on se sent mieux en mesure de l'exercer. Il n'est pas un citoyen capable et honnête, résolu à gérer correctement, loyalement, qui refuserait un portefeuille sous la terreur d'une responsabilité pécuniaire. La désertion des emplois publics ne s'est vue qu'aux jours de la décadence de l'empire romain, parce que le fonctionnaire chargé de recouvrer les impôts devait en cas de retard ou de défaut de paiement les acquitter sur sa fortune personnelle. Alors on se réfugiait dans la cléricature pour s'affranchir de ces honneurs, et des lois durent intervenir à l'effet de prévenir ces évasions. Mais l'encombrement des carrières administratives prouve que nous n'en sommes pas

réduits à de telles extrémités. Au contraire, l'irresponsabilité doit paraître plus gênante à des hommes sérieux
que la responsabilité, et ceux-là seraient à plaindre
et mériteraient qu'on se méfiât d'eux, qui accepte-
raient allègrement le poids d'un arbitraire sans contrôle. » (1)

§ 4. — *La crainte que cette responsabilité inspirera
aux ministres les fera souvent s'abstenir même en
présence d'opérations utiles à l'État.*

« S'agit-il simplement d'un ministre qui excède
illégalement un crédit, il peut se présenter un cas où
l'intérêt du pays l'exige. Si le ministre sait qu'on l'en
rendra responsable, il s'abstiendra, dût la chose publique en souffrir ».

Cet argument est formulé par M. Merlin (2). D'autres
auteurs l'entourent des considérations suivantes : placé
entre son intérêt personnel et ses devoirs publics, le
ministre, dans un cas urgent que les lois financières
n'ont pu prévoir, n'aura pas toute la liberté d'esprit
nécessaire pour trancher la difficulté et prendre résolu-
ment parti : le plus souvent il s'abstiendra ; s'il prend
une décision, le retard provoqué par ses hésitations
sera préjudiciable à l'État.

Ce dernier argument, qui ressemble à celui que nous
avons examiné dans le § 2, nous paraît exagéré.
Évidemment les corps politiques ne se montrent pas

(1) Ch. Roussel. — De la responsabilité pécuniaire des
ministres. — Revue du *Droit public* et de la *Science politique*.
Mai-juin 1897, p. 394.

(2) Merlin. — De la responsabilité civile des ministres vis-à-
vis de l'Etat. *Revue critique* de 1890, p. 463.

toujours exempts de passions, mais, dans beaucoup de cas, leur patriotisme éclairé rassurera le ministre.

L'obligation de rendre compte n'annihile pas la faculté d'agir : il existe bien des fonctionnaires soumis à un contrôle, qui pourtant sont investis d'une initiative dont ils usent largement. Quel est le mandataire à qui on ne demande pas des comptes ? Un tuteur soucieux des intérêts qui lui sont confiés néglige-t-il de faire des opérations profitables au mineur, sous prétexte que celui-ci pourra lui demander réparation de ses fautes ?

« Lorsqu'un peuple est obligé de prendre sur ses revenus une portion quelquefois considérable pour subvenir aux dépenses sociales, il doit avoir des garanties de l'impôt qu'il paie ; ces garanties sont dans la surveillance journalière, dans le contrôle actif qu'exercent en son nom ses représentants. » (1)

La mission de ministre est très large ; il est de son devoir de veiller à la prospérité et au salut de l'État et quand, dans une hypothèse spéciale, pour une dépense non prévue par la loi de finances, il sera tenu de faire preuve d'initiative, le véritable homme d'État, sans même qu'il ait besoin de consulter sa conscience, naturellement, agira avec toute la promptitude nécessaire et les membres du Parlement, en présence d'un résultat favorable, ratifieront sa conduite.

Mais il se peut aussi que le ministre se soit trompé, que cette dépense qu'il a effectuée n'ait pas été profitable à la chose publique comme il l'avait cru ; quand il viendra en séance reconnaître son erreur, exposer

(1) Dufaure. — *Moniteur Universel* du 23 mars 1835.

les motifs qui l'ont poussé à agir comme il l'a fait, il est certain qu'on l'excusera et que la Chambre, dans sa conscience de jury, comme disait Laffite en 1835, décidera que l'intention du ministre a été bonne, a été loyale (1).

Dans le discours qu'il prononça à la Chambre des députés, le 21 mars 1835, le même Laffite raconta ainsi l'affaire d'Haïti dont il fut souvent question lors de la discussion du projet de loi sur la responsabilité des ministres. « On était dans une crise violente, trois fortes maisons de banque étaient intéressées dans cette affaire. Elles étaient créancières du Trésor d'une somme de quatre millions huit cent mille francs qu'elles avaient bien payée de leur argent pour le compte et par ordre du Trésor. Deux de ces maisons demandèrent aux receveurs généraux d'escompter seulement un paiement qui ne devait être fait que dans quatre ans ; sinon elles seraient obligées de réaliser des rentes à la Bourse et par conséquent de faire baisser les cours. Alors on a fait une opération qui n'a été nullement nuisible au Trésor. Le Trésor au lieu de faire un paiement réél en espèces a fait un paiement en bons royaux qui ne devaient pas être négociés et qui ne l'ont pas été, de sorte qu'avant l'époque de l'échéance où le Trésor aurait eu à payer 4,800,000 francs, cette somme serait venue en espèces d'Haïti.

« A cette époque la Chambre a reconnu que cette dépense n'était pas régulière, mais elle ne l'a pas blâmée, elle ne l'a pas rejetée, elle l'a admise dans la loi des comptes, parce qu'elle a pensé que le ministre avait pu se tromper, mais que cependant le ministère en vue

(1) *Moniteur* du 22 mars 1835.

d'une grande crise, voyant qu'il pouvait faire un paiement à terme à quatre maisons qui avaient besoin de
tous leurs fonds, pour ne pas augmenter la crise avait
pu engager sa responsabilité ; le ministère, je me
trompe, c'est le ministre que je veux dire, car l'ordonnance, quoique délibérée en Conseil, était contresignée
par le ministre des finances, qui devenait responsable
et ce ministre, c'était moi. » (1)

Il serait facile de multiplier les exemples : on peut
dire qu'à peu près tous les ans les Chambres ont eu à
ratifier des crédits supplémentaires ou extraordinaires
dépensés par les ministres sans autorisation ; nous
nous bornons à citer les exemples les plus récents :
le 12 décembre 1898, la Chambre des députés discuta un
projet de loi déposé par le gouvernement, portant
ouverture d'un crédit extra-budgétaire de 38 millions.
Parmi les diverses dépenses qui nécessitaient cette
demande, signalons :

1° Un crédit extraordinaire de 180,000 francs, porté
à un chapitre nouveau, numéroté 16 ter, pour « frais
de réception de personnages étrangers et d'ambassades
extraordinaires auprès des divers souverains » ;

2° Un crédit supplémentaire de 515.000 francs, résultant des frais nécessités, par le prolongement de l'oc-
cupation de la Crète par les puissances : le ministre de
la marine avait pris sur lui de faire ces dépenses sans
crédit ni autorisation préalable ;

3° Une somme de six millions et demi employée par
le ministre de la guerre, soit pour l'incorporation en
novembre 1897 d'un contingent supérieur de 10 à
15 mille hommes à celui qui avait été prévu, soit par

(1) Discours de Laffite.— *Moniteur*, séance du 21 mars 1835.

l'appel, dans le courant de l'année 1898 de 55,000 ré
servistes de plus que le chiffre fixé par le Parlement (1).
Ces divers crédits extra-budgétaires, dont M. André
Berthelot demanda le rejet, furent adoptés par la
Chambre, après une observation de M. Camille Pelletan,
rapporteur général du budget de 1898 (2).

SECTION III

DE LA SITUATION JURIDIQUE DU MINISTRE ; NATURE DE
SON MANDAT. — ÉTENDUE DE LA RESPONSABILITÉ
CIVILE.

§ 1. — *De la situation juridique du ministre.*

L'élément essentiel, caractéristique de la situation
juridique du ministre est évidemment le *mandat public*
qui lui est conféré (3) ; à ce titre, en qualité de dépo-
sitaire de la puissance publique, il est une *autorité
administrative*, il fait partie de *l'organe exécutif* et
il a un pouvoir de décision. Nous n'avons pas à énumérer les nombreuses attributions du ministre en tant
qu'autorité administrative (4) ; bornons-nous à signaler
la seule qui nous intéresse, l'ordonnancement des dettes

(1) Notons, qu'en l'espèce, l'irrégularité commise par le ministre de la guerre était d'autant plus grave que ces dépenses
avaient été engagées à propos de services définitifs : il n'avait
donc pas le droit, en l'absence des Chambres, d'ouvrir un crédit
même en vertu d'un décret rendu en Conseil d'Etat (p. 33, note 1).

(2) Chambre des députés. — Séance du 12 décembre 1898. —
Journal Officiel du 13 décembre.

(3) Voir Hauriou, *Précis de Droit administratif,* 3ᵉ édition,
p. 328 et suivantes.

(4) Hauriou, op. cit. 3ᵉ édition, p. 411 et 412.

de l'État qui appartient à chaque ministre pour son département.

Mais le ministre a une autre qualité : en tant qu'il exécute les décisions de l'État, il n'est plus qu'un *simple agent administratif* et on pourrait avec juste raison l'appeler « le premier des fonctionnaires » (1). Cependant, chez nous du moins, l'extrême instabilité ministérielle permet d'affirmer que « cette fonction n'est pas organisée d'une façon suffisamment permanente pour constituer une carrière » (2).

De ces deux éléments distincts de la situation juridique du ministre nous ne retiendrons que le premier, puisque les actes faits par l'agent d'exécution ne sauraient en aucun cas entraîner de dépassements de crédit ni engager sa responsabilité pécuniaire.

Nature de son mandat. — Le ministre est bien un mandataire, puisqu'il a été choisi par le chef de l'État pour s'occuper de l'administration d'une partie des affaires publiques. Il n'est pas douteux que vis-à-vis des tiers, par exemple, avec qui il engage des marchés, avec qui il fait des contrats, sa personnalité est effacée et qu'il agit en qualité de représentant de la nation ; en cas de contestation, les revendications des fournisseurs sont toujours adressées au Trésor public. Mais ce qui est également certain, c'est que le ministre n'est pas un mandataire ordinaire et que les prescriptions du code civil, malgré leur généralité, ne sauraient lui être appliquées ; le ministre est avant tout un *homme politique* qu'on a choisi, en général, non point

(1) Hauriou, op. cit. p. 411.
(2)   id.,   id.,   p. 682.

parce qu'il avait une compétence particulière en telle
ou telle branche des affaires, mais parce qu'il appar-
tenait à la majorité parlementaire.

Il ne faut pas perdre de vue ce caractère politique
qui s'attache à sa nomination. D'ailleurs, les formes
particulières de sa gestion, les réserves apportées par
nos lois budgétaires à son administration, sont autant
d'éléments que le législateur n'avait certes pas en vue
quand il traçait les règles générales du mandat civil et
qui suffisent pour faire écarter toute idée d'assimilation
entre le ministre et le mandataire ordinaire.

Si l'on admettait le principe posé par ceux qui font
du ministre un mandataire civil, il faudrait décider
que la question de dommages et intérêts qui pourraient
être dûs à l'État serait réglée par l'article 1151 du code
civil qui dit : « Dans le cas même où l'inexécution de la
convention résulte du dol du débiteur, les dommages et
intérêts ne doivent comprendre à l'égard de la perte
éprouvée par le créancier et du gain dont il a été privé
que ce qui est une suite immédiate de l'inexécution de
la convention. »

Dans notre hypothèse nous sommes en présence de
l'inexécution d'un mandat, article 1992 ; le ministre
agit au nom de l'État, au nom du Trésor ; devra-t-il
être déclaré responsable toutes les fois que le dommage
est la conséquence directe et immédiate de l'inexécution
de son mandat ? Évidemment non ; on ne peut pas lui
appliquer ce texte avec rigueur. Il doit entrer dans
l'examen de la gestion du ministre une question d'appréciation qui ne permet pas de s'en rapporter uniquement à la précision d'un texte de droit civil.

Il faudra nécessairement tenir compte des circonstances qui ont entouré l'acte incriminé ; dans la gestion des affaires publiques, le ministre est entouré d'une véritable armée de fonctionnaires que la plupart du temps il n'a pas choisis, qu'il ne connaît pas ; si on lui appliquait les règles du droit commun il faudrait évidemment le déclarer responsable des fautes ou délits de ses subordonnés. Or, il ne vient à l'esprit de personne d'admettre un pareil résultat ; tout le monde reconnaît qu'il est dans une situation spéciale, que, quelle que soit son activité, il ne peut pas tout voir par lui-même et que souvent soustrait aux opérations administratives par des préoccupations gouvernementales et politiques, par le souci d'une interpellation, il est obligé de s'en rapporter à divers auxiliaires du soin de veiller à la gestion des affaires publiques. Un bon ministre doit savoir discerner parmi le fatras des dossiers qui encombrent son bureau, les affaires qu'il doit personnellement diriger, laissant à ses subordonnés ce qui est de moindre importance, ce qui a trait à des intérêts moins généraux. Même dans ce cas, la gestion de ce ministre ne sera pas toujours dépourvue d'erreurs, de défaillances : il a quelquefois mal placé sa confiance, il peut se tromper, mais il est certain que personne ne pensera qu'il est conforme à l'équité de le condamner pour des fautes légères, de lui appliquer l'article 1992 ; en décrétant la responsabilité civile on ne veut atteindre que ceux qui ont trahi leur devoir, soit en violant sciemment les lois et les règlements publics, soit en se plaçant au-dessus des décisions et du Parlement, soit en commettant de grossières négligences ou des faiblesses inexcusables.

Pour toutes ces raisons, nous estimons que les textes

relatifs aux comptes dont sont tenus les mandataires ordinaires ne sauraient être étendus aux ministres qui sont dans une situation spéciale.

§ 2. — *Étendue de sa responsabilité.*

Dans les deux premières sections de ce chapitre nous avons établi que le principe de la responsabilité civile était en soi parfaitement rationnel et qu'en pratique sa réglementation pouvait procurer à l'État des avantages appréciables ; nous venons de démontrer que la nature des fonctions du ministre ne permettait pas d'appliquer à sa gestion les règles générales édictées par le code civil au titre du mandat, il nous reste à déterminer dans quelles limites cette responsabilité pourra être mise en œuvre.

Trois systèmes principaux ont été proposés pour régler cette question :

1er système. — Il peut se résumer ainsi : le ministre étant un mandataire, on doit lui appliquer les règles du mandat civil ; il doit être déclaré responsable *de toutes ses fautes et de sa négligence :* ce système est absolu et admet la responsabilité dans tous les cas.

Nous avons par avance réfuté cette théorie en traitant de la situation juridique du ministre, et nous ne la mentionnons à cette place que pour être complet. Parmi ses principaux défenseurs, citons M. Charlemagne (1) qui, en 1835, soutenait que « en droit civil la faute lourde est assimilée au dol, et celui qui s'en est rendu coupable est condamné à la restitution et à des dommages et intérêts. Eh bien ! la raison ne nous dit-elle pas que

(1) Ch. des députés. — Séance du 7 mars 1835. *Moniteur Universel* du 8 mars, p. 545.

nous devons prendre autant de précautions pour ce qui touche à la fortune générale que le code civil en prend pour ce qui touche à la fortune des particuliers ? Vous introduiriez une anomalie dans votre législation. En droit privé, les intérêts de l'État en présence des intérêts particuliers leur sont toujours préférés, et en droit politique il en serait autrement. Ainsi vous auriez une loi civile sévère et rigoureuse et une loi politique facile et indulgente, ce qui est le système non pas des gouvernements constitutionels, mais précisément des gouvernements absolus.

« Que devient la loi de la responsabilité ministérielle ainsi réduite à la responsabilité criminelle? Une loi, j'ose le dire, purement comminatoire, une loi de théorie et non pas une loi pratique, une loi faite dans l'intérêt de la science et non dans l'intérêt de l'État. »

2° Le deuxième système est celui que proposa le garde des sceaux Barthe, en décembre 1833, au nom du gouvernement ; c'est aussi celui qu'adopta la deuxième commission de la Chambre, en 1835, dans l'article 6 de son projet. Il peut être ramené à cette proposition : il n'y aura de responsabilité qu'en cas de prévarication.

C'est également là un système absolu et qui, au fond des choses, exclut la responsabilité civile. En effet, il ne saurait plus être question d'une action directe, d'une poursuite exercée contre le ministre en vue d'obtenir une réparation. Il y aura nécessairement l'appareil d'une procédure criminelle retentissante après laquelle, inaperçue sans aucun doute, se placera la fixation du dédommagement dû par le ministre.

Voici comment les partisans de cette doctrine soutiennent leur opinion : « Pour qu'il y ait responsabilité,

il faut qu'il y ait délit, il ne suffit pas qu'il y ait erreur...
Si un ministre des finances, sans avoir commis un délit,
sans avoir attenté aux intérêts de l'État, pouvait être
rendu responsable de tous les faits de l'immense gestion
qui lui est confiée, on peut assurer qu'il ne se trouverait
personne qui voulût se charger d'un semblable fardeau...
Il faudrait alors entrer dans un système nouveau ; il
faudrait demander aux ministres ce que l'on exige des
comptables, il faudrait leur imposer des cautionnements,
il faudrait ne faire choix que de personnes dont la fortune pût répondre, non-seulement de la malversation,
mais encore de la mauvaise administration. » (1)

M. Rihouet, en 1833, à la Chambre des députés, soutint le même système lors du règlement des comptes de
l'exercice de 1830 et à propos de l'affaire de Montbel ;
selon lui, la responsabilité civile ne pourrait être
exercée qu'en cas de crime. En cas de faute, même de
faute grave la seule consécration serait le refus par le
Parlement de voter le bill d'indemnité, et ce refus,
d'après lui, aurait cette double conséquence : d'abord,
il constituerait un blâme sévère sur la gestion du ministre et, en outre, ce blâme se perpétuerait, car le
montant de cet excédent de crédit serait porté parmi les
avances faites par le Trésor, à son actif, jusqu'à ce qu'il
n'y eut plus aucun espoir de recouvrement. Le ministre
aurait ainsi contracté vis-à-vis de l'État une sorte
d'obligation naturelle pour l'exécution de laquelle
celui-ci n'aurait aucune action (2).

(1) Voir *Moniteur*, Chambre des députés, 8 mars 1835.

(2) Voir le discours de rentrée de la Cour des Comptes prononcé par M. Audibert. *Journal Officiel* du 12 novembre 1885,
p. 6099.

3º Un troisième système, un système mixte auquel nous nous rallions entièrement, est celui que soutint Odilon Barrot à la Chambre des députés, en mars 1835, lors de la discussion de l'article 6 du projet de la deuxième commission.

Il ne faut pas, disait-il, consacrer ces deux opinions extrêmes : 1º on ne peut pas proclamer la responsabilité absolue des ministres ; 2º d'autre part, il serait contraire à tous les principes d'une bonne administration financière et à toutes les garanties si laborieusement consacrées de décider qu'à moins d'une accusation, il est impossible de faire peser aucune responsabilité civile ou financière sur un ministre qui excède ses crédits.

Ce serait là dépouiller les Chambres de tout droit de contrôle.

En effet, que se passera-t-il au cas où elles se borneront à rejeter un excédent? La conséquence sera-t-elle que les marchés passés avec des tiers par le ministre seront nuls, et l'État pourra-t-il réclamer à ces tiers l'argent qu'ils ont touché? Évidemment non.

Voici, dans la réalité des choses, ce qui se produira : Le ministre dira : oui, j'ai dépassé les crédits votés, mais j'ai cru bien faire pour l'État, en agissant ainsi; ce n'est pas votre avis : accusez-moi. Et il sait bien qu'on ne le fera pas, car l'histoire parlementaire n'offre aucun exemple de cette mesure extrême.

Les Chambres ne voudront pas mettre en œuvre cette solennelle accusation à l'occasion d'un simple acte de gestion financière : l'annonce seule de cette mise en accusation suffirait à renverser le ministère.

Ce serait placer les pouvoirs politiques dans une situation trop difficile, trop dangereuse, ou plutôt ce serait subordonner l'efficacité de nos garanties financières à un remède à peu près impossible. Cette limite salutaire que nous imposons aux dépenses financières ne serait plus qu'un vain mot.

La solution, d'après Odilon Barrot, était dans une opinion intermédiaire : il fallait pourvoir par une loi spéciale aux cas de responsabilité civile et financière. La garantie contre l'abus d'une pareille loi consisterait dans la nécessité pour les Chambres de ne pas attaquer les ministres « pour une misère », comme il disait, de ne pas les « *mettre en question* » pour quelques crédits dépassés. Ce n'est que dans une de ces circonstances rares « où un ministre se serait joué des crédits législatifs » que le Parlement sentirait la nécessité de donner une sanction à ces mesures et à ces dispositions.

Il ne faudrait faire d'exemple que quand on verrait dans le dépassement de crédits une sorte de mépris du pouvoir législatif et de la limitation des crédits (1).

Si nous nous sommes entièrement rallié au système préconisé par Odilon Barrot, en tant qu'il repousse également la théorie de la responsabilité absolue et celle qui fait de la responsabilité civile l'accessoire de l'action criminelle intentée contre les ministres, nous ne pouvons admettre sans critique la solution qu'il propose et qui, selon nous, présente deux graves inconvénients : elle est forcément incomplète et elle est trop vague pour être satisfaisante en matière financière.

Cette solution est incomplète, parce que la loi qui doit fixer les cas dans lesquels le ministre sera poursuivi civilement ne peut pas à l'avance prévoir toutes les circonstances donnant naissance à un dommage envers

(1) Voir *Moniteur Universel* du 9 mars 1835.

l'État, avec obligation pour le ministre de le réparer : il y a là avant tout une question de fait dont l'appréciation doit être laissée entière à ceux qui sont chargés de contrôler la gestion de l'ordonnateur.

Cette loi n'a point été faite depuis 1835 ; on n'a même point essayé d'établir cette nomenclature, car le législateur a compris que c'était une œuvre irréalisable ; d'ailleurs, on pourrait faire remarquer qu'Odilon Barrot lui-même n'a indiqué dans son discours aucun de ces cas devant entraîner l'action civile contre le ministre. Il s'est borné à affirmer que la loi devrait avoir une sanction « seulement dans les rares circonstances où un ministre se serait *joué des crédits législatifs* » et quand on verrait dans « le dépassement de crédits une *sorte de mépris du pouvoir législatif et de la limitation des crédits* ».

En réalité, ces termes trop vagues ne sont pas une solution.

Nous repoussons le principe d'une loi qui, délimitant à l'avance les cas de responsabilité civile, risquerait d'amoindrir l'initiative des ministres et porterait une atteinte grave au pouvoir de contrôle du Parlement qui doit être complet, absolu. Le ministre, dans la gestion des affaires publiques, ne doit avoir d'autre entrave (1) que sa conscience : au moment du règlement définitif de l'exercice, les Chambres apprécieront, en connaissance de cause, si les mobiles qui ont dicté l'acte du

(1) Il va sans dire que le ministre doit se conformer à toutes les règles prescrites par nos lois financières, en matière d'ordonnancement. Mais, sous cette réserve, nous admettons qu'il est seul juge de l'opportunité d'un engagement de dépenses non prévu par le budget, du moins dans l'état actuel de la législation.

ministre, dans les circonstances particulières où il se trouvait en ce moment, rendaient nécessaire, utile ou excusable le dépassement de crédits. Nous entendons que le pouvoir législatif soit une sorte de jury, ayant les pouvoirs les plus étendus : si la dépense faite sans autorisation a causé un dommage réel à l'État, et si les explications fournies par le ministre à ce sujet sont insuffisantes à démontrer sa bonne foi, en un mot, s'il a fait preuve d'incapacité ou de négligence coupable, le Parlement refusera de voter le bill d'indemnité, et ce vote aura pour conséquence le renvoi du ministre devant le juge compétent qui statuera à son tour sur la question d'indemnité, question qui reste entière même après la décision des Chambres.

Nous estimons, enfin, que le fait pour le ministre de n'avoir pas rempli toutes les prescriptions de la loi en matière de crédits extra-budgétaires, n'aura pas nécessairement pour effet le refus du bill d'indemnité : le Parlement ne sera nullement lié, mais il pourra voir là une circonstance aggravante qui ne sera pas sans influence sur sa détermination.

SECTION IV

NATURE DE L'ACTION EN RESPONSABILITÉ INTENTÉE CONTRE LE MINISTRE.

Cette action est civile ; mais quel sera son caractère ? Sera-ce une action en dommages-intérêts ou une action en restitution ?

Chacune de ces actions aura ses avantages suivant les cas : supposons d'abord que le ministre ait fait des dépenses non autorisées pour acquérir des immeubles qui sans être indispensables à l'État peuvent lui être de quelque utilité. L'État peut consentir à garder ces acquisitions, mais il est bien évident qu'il est lésé en partie, car l'intérêt qu'il avait à l'achat n'est pas en rapport avec le prix ; il doit avoir une action pour la réparation de ce préjudice ; ce sera une action en dommages-intérêts.

Admettons maintenant que la dépense ait été absolument inutile et superflue, — et nous pouvons prendre comme exemple la fameuse affaire de la salle à manger de M. de Peyronnet (1), — l'État, évidemment, ne peut être tenu de garder ces meubles dont il n'a nul besoin ; il ne pourra être indemnisé qu'en obtennant de l'ordonnateur qui a agi sans aucun discernement la restitution intégrale de la somme dépensée inutilement en son nom. Le ministre pourra reprendre son mobilier, l'achat est censé fait pour son propre compte et il en remboursera le prix au Trésor. C'est l'action en restitution que l'État devra exercer ; s'il en était autrement il serait lésé, car il n'est pas tenu de subir l'imputation de tous ces objets et même des plus-values qui peuvent établir une compensation.

(1) Voir infra ch. V.

CHAPITRE III

LA RESPONSABILITÉ CIVILE DES MINISTRES EXISTE-T-ELLE EN FAIT ?

SECTION I. — Historique de la responsabilité civile des ministres dans les diverses Constitutions françaises depuis 1789.

SECTION II. — Étude de la responsabilité civile des ministres dans quelques Constitutions étrangères.

SECTION I

HISTORIQUE DE LA RESPONSABILITÉ CIVILE DES MINISTRES DANS LES DIVERSES CONSTITUTIONS FRANÇAISES DEPUIS 1789.

CONSTITUTIONS RÉVOLUTIONNAIRES

Assemblée Constituante (1789-1791). — La Constitution de 1791 était muette sur la question de responsabilité civile des ministres. Mais la loi du 27 avril 1791 (1), portant organisation du ministère, combla cette lacune (2) :

(1) Faustin — Adolphe Hélie, *Les Constitutions de la France*, p. 219 et suiv.

(2) Avant la loi du 27 avril 1791, nous trouvons un décret du 13 juillet 1789 qui déclare les ministres « responsables de toute entreprise contraire aux lois de la nation et aux décrets de l'Assemblée, » mais ce n'est là qu'une mesure vague qui ne précise ni les cas où la responsabilité civile sera encourue, ni quelle peine sera prononcée contre le ministre coupable. En outre, l'article 18 de la loi du 1er octobre 1789 (voir F.-A. Hélie, op. cit. p. 45) ajoute que « les ministres et les autres agents du pouvoir exécutif sont responsables de l'emploi des fonds de leur département ».

Art. 27. — « Les ministres seront tenus de rendre compte, en ce qui concerne l'administration, tant de leur conduite que de l'état des dépenses et affaires, toutes les fois qu'ils en seront requis par le Corps législatif. »

Art. 29 § 3. — « ... Les ministres sont responsables de tout emploi de fonds publics sans un décret du Corps législatif et de toutes dissipations de deniers qu'ils auraient faites ou favorisées. »

Art. 31. — « Aucun ministre en place ou hors place ne pourra, pour faits de son administration, être traduit en justice en matière criminelle pour *faits de son administration* qu'en vertu d'un décret du Corps législatif prononçant qu'il y a lieu à accusation. »

Art. 32. — « L'action en matière criminelle, ainsi que l'action *accessoire en dommages et intérêts*, pour faits de son administration, d'un ministre hors place sera prescrite au bout de trois ans, à l'égard du ministre de la marine et des colonies et au bout de deux ans à l'égard des autres, le tout à compter du jour où l'on supposera que le délit a été commis. »

L'article 33 décide que les tribunaux ordinaires jugeront les ministres, mais avec l'autorisation préalable du Corps législatif.

De l'analyse de ce texte il ressort immédiatement que la loi du 27 avril 1791 n'a pas organisé la responsabilité civile des ministres telle que nous l'entendons, c'est-à-dire une action directe contre le ministre, ayant pour but la réparation du dommage pécuniaire causé à l'État.

La loi de 1791 exige comme condition essentielle de la poursuite un *acte criminel* et un décret du Corps législatif prononçant qu'il y a lieu à *accusation*.

La responsabilité civile ne pourra être invoquée contre le ministre qu'accessoirement (art. 32), au cas où le crime qu'on lui reproche aura causé un préjudice au Trésor de l'État.

Ce système, nous l'avons vu dans le chapitre précédent, fut soutenu par le garde des sceaux Barthe, au nom du Gouvernement, en décembre 1833, et, la même année, par M. Rihouet : c'est celui qu'adopta la 2ᵉ commission de la Chambre en 1835 dans l'article 6 de son projet. Mais, tandis qu'en 1791 les tribunaux ordinaires étaient la juridiction compétente en matière criminelle et pécuniaire, sous la monarchie de Juillet c'était la Cour des Pairs qui jugeait les ministres sur la mise en accusation de la Chambre des députés.

La question de prescription réglée par l'article 32 est d'un grand intérêt : la loi du 27 avril 1791 est la première à en parler ; aucune des Constitutions qui suivirent n'en fait mention et il faut arriver aux plus récents projets de réglementation pour voir reparaître le souci de savoir quelle limite aura dans le temps la responsabilité civile des ministres.

Convention Nationale (1792-1795). — L'Assemblée Législative, la première législature régulière de la France, fut de trop courte durée et ne laissa aucun monument important en matière de finances, malgré la présence au ministère d'hommes compétents, comme Tarbé.

La Constitution du 24 juin 1793, — qui ne fut pas appliquée, — décidait, (art. 71), que les ministres pouvaient être accusés de prévarication par le Corps législatif dans deux cas :

1° Lorsqu'ils n'exécutent pas les lois qu'ils sont chargés d'appliquer ;

2° Lorsqu'ils sont coupables de négligence en ne dénonçant pas les abus qu'ils devraient voir (art. 72).

L'article 106 *in fine* (1) exigeait des comptes annuels arrêtés par le Corps législatif, mais en fait, il n'y en eut pas plus qu'il n'y eût réellement de budgets et, dans ces conditions, il était difficile que la responsabilité civile fût mise en œuvre, même comme action accessoire à la poursuite criminelle pour prévarication.

La Constitution du 5 fructidor an III avait maintenu le bureau de la trésorerie générale (art 315) et le bureau de la comptabilité (2). Ils se composaient chacun de cinq membres élus par le Conseil des Anciens sur une liste triple présentée par celui des Cinq-Cents ; ils ne pouvaient être suspendus ni destitués que par le Corps législatif, ce qui assurait leur indépendance vis-à-vis de l'administration.

La Constitution indiquait d'une manière précise leurs attributions en matière financière : « Art. 322. — Le compte général des recettes et dépenses de la République, appuyé des comptes particuliers et pièces justificatives, est présenté par les commissaires de la trésorerie aux commissaires de la comptabilité qui le vérifient et l'arrêtent. »

Art. 323. — « Les commissaires de la comptabilité donnent connaissance au Corps législatif des abus,

(1) Léon Say, Dictionnaire des finances. V° Budget, p. 535.

(2) La loi du 17 septembre 1791 avait organisé le bureau de comptabilité ; il se composait de 15 membres élus par le Roi. C'est la Constituante qui avait créé le bureau de la trésorerie.

malversations et de *tous les cas de responsabilité* qu'ils
découvrent dans le cours de leurs opérations ; ils pro-
posent dans leur partie les mesures convenables aux
intérêts de la République. » (1)

Cette Constitution, prévoyant tous les cas de responsabilité, pourrait être considérée comme la première
qui réglementât effectivement la responsabilité civile
des ministres, si en fait l'organisation financière de
cette époque n'eut fait porter sur d'autres que les ministres les risques de la gestion des affaires publiques.

En effet, la Constitution de l'an III avait maintenu la
Trésorerie nationale, organe indépendant du gouvernement, investi d'une partie de ses attributions ; une
semblable organisation existe encore aujourd'hui dans
certains pays, comme l'Angleterre, l'Italie, la Belgique,
où certains établissements publics de trésorerie ou de
comptabilité exercent le mandat de vérifier préventi-
vement la stricte légalité des paiements (2).

Quelque opinion qu'on ait sur les avantages d'une
pareille conception, il n'est pas douteux qu'elle a pour
effet de reporter sur d'autres que les ministres la responsabilité civile en cas de dépassements de crédits ; la
Constitution du 5 fructidor an III, (art. 152), punissait
des peines édictées en cas de forfaiture les membres de
la trésorerie nationale qui auraient fait des paiements
sans que les ordonnances ministérielles eussent rempli
les conditions suivantes : 1° conformité aux décrets du
Corps législatif et jusqu'à concurrence des fonds dé-
crétés par lui sur chaque objet ; 2° nécessité d'une

(1) F.-A. Hélie, op, cit. p. 480.
(2) Voir supra pp. 39 et 40.

décision du Directoire ; 3° signature du ministre qui ordonne la dépense (art. 318) (1).

La Constitution du 22 frimaire an VIII prévoit trois cas de responsabilité des ministres ; les ministres sont responsables :

« Art. 72. — 1° De tout acte du gouvernement signé par eux et déclaré inconstitutionnel par le Sénat ; »

« 2° De l'exécution des lois et règlements de l'administration publique ; »

« 3° Des ordres particuliers qu'ils ont donnés, si ces ordres sont contraires à la Constitution, aux lois et aux règlements. » (2)

Le Tribunat dénonçait l'infraction au Corps législatif. Celui-ci, le ministre entendu, proclamait son innocence ou le renvoyait devant une Haute-Cour qui le jugeait.

Le Senatus-Consulte organique du 28 floréal, an XII, titre III, article 101, §§ 1 et 3 (3) décide que les ministres seront traduits devant une Haute-Cour impériale pour leurs « délits personnels et les délits de responsabilité d'office ». Ces deux Constitutions, ainsi que celles que nous avons précédemment examinées, ne prévoient donc pas la responsabilité civile en elle-même, dégagée de toute idée pénale, indépendante de l'action criminelle que toutes édictent contre le ministre coupable. N'avait-on pas prévu la question, ou bien les difficultés nombreuses qui surgissaient aussitôt avaient-elles fait hésiter le législateur devant la solution ? Il est impos-

(1) F.-A. Hélie, op. cit. p. 462.
(2) F.-A. Hélie op. cit., p. 853.
(3) F.-A. Helie op. cit., p. 730.

sible de décider laquelle de ces deux hypothèses est
la vraie.

CHARTES CONSTITUTIONNELLES

La charte de 1814 ne s'occupe pas de la question ;
mais peu à peu la responsabilité civile tend à s'affirmer :
Jusqu'ici elle n'avait été envisagée que comme l'accessoire de l'action pénale ; sous l'influence des idées
anglaises qui commençaient à s'infiltrer en France, avec
la connaissance chaque jour plus approfondie du parlementarisme, le pouvoir législatif ne pouvait pas dé-
laisser plus longtemps ce problème qui touchait intime-
ment à une de ses prérogatives principales, le contrôle
budgétaire.

Ce n'est même pas la loi des finances du 25 mars 1817
qui, la première, a introduit la responsabilité civile
dans notre législation.

En effet, le texte des articles 151 et 152 ne parle que
« de la responsabilité des ministres » sans autre précision. Or, jusqu'à cette époque, on ne connaissait, nous
l'avons démontré, que la responsabilité pénale : Si le
législateur de 1817 avait prétendu introduire une innovation aussi importante, nul doute qu'il ne l'eût formellement exprimé dans la loi, alors qu'un seul mot
suffisait :

D'ailleurs, les travaux préparatoires sont dans notre
sens : ils ne contiennent aucun terme qui puisse faire
admettre que la loi vise une autre responsabilité que la
responsabilité criminelle (1).

Art. 151. « La répartition que les ministres auront

(1) Voir Boucard et Jèze : Eléments de la Science des finances, p. 416. — Voir en outre Ch. Roussel, op. cit., p. 387.

faite entre les divers chapitres de leurs budgets particuliers de la somme allouée par le budget général pour
le service de chaque ministère sera soumise à l'approbation du Roi, et toutes les parties du service devront
être réglées de manière que la dépense ne puisse excé-
der le crédit en masse ouvert à chacun d'eux. Ils ne
pourront, *sous leur responsabilité*, dépenser au delà de
ce crédit. »

Art. 152. « Le ministre des finances ne pourra, *sous
la même responsabilité*, autoriser les paiements excé-
dents que dans les cas extraordinaires et urgents, et en
vertu d'ordonnances du Roi qui devront être converties
en lois à la plus prochaine session des Chambres. »

C'est en 1829 seulement, dans les discussions relatives
à la salle à manger de M. de Peyronnet, qu'apparaît
pour la première fois devant le Parlement la question de
responsabilité civile des ministres : M. Bérenger, rapporteur, proclama la légitimité de poursuites, *à fin de
remboursement du dommage causé à l'État*. La
Chambre des députés se refusa à voter le bill d'indemnité, mais le ministre ne fut pas poursuivi, et plus tard
la dépense fut acquittée sur des fonds spéciaux.

Après cette affaire, qui eut un grand retentissement,
la nécessité s'imposait d'une loi réglementant la responsabilité civile des ministres : la charte de 1830 cependant ne trancha pas la question, mais dans son article
69, § 2, elle ordonna au gouvernement et aux Chambres
de régler successivement, et dans le plus court délai
possible, la responsabilité des ministres et des autres
agents du pouvoir (1).

Ce n'est qu'en 1833 que la Chambre fut saisie à peu

(1) F.-A. Hélie, op. cit., p. 991.

près simultanément de deux propositions de loi relatives à la responsabilité des ministres, et émanant, l'une de M. Devaux, député, l'autre du gouvernement, en la personne de M. Barthe, garde des sceaux.

ANALYSE DU PROJET DE M. DEVAUX

L'auteur admettait l'action en responsabilité civile dans deux hypothèses différentes :

1° Comme *action principale* dirigée contre le ministre qui a commis une faute grave dans l'administration de la fortune publique ou qui fait un emploi des deniers de l'État contraire aux lois.

2° Comme *accessoire* à l'action criminelle intentée contre le ministre coupable de concussion.

Dans le premier cas, les Chambres devaient se prononcer sur deux questions bien distinctes : premièrement, elles constataient la faute et refusaient de laisser le dommage au compte de l'État; en second lieu, elles fixaient le montant du préjudice et mettaient la dépense à la charge personnelle du ministre.

Dans la deuxième hypothèse, c'était la Chambre des pairs qui, après avoir puni le crime du ministre, fixait le montant de l'indemnité due à l'État.

Ajoutons que ces diverses décisions étaient pleinement exécutoires par elles-mêmes.

Comme on le voit, la théorie de M. Devaux, sans se laisser arrêter par le principe de la séparation des pouvoirs, admettait que le Parlement pouvait déclarer le ministre pécuniairement responsable envers l'État et, de plus, fixer le chiffre de la réparation : le vote des Chambres produisait tous les effets d'un jugement rendu par un tribunal civil.

ANALYSE DU PROJET DU GOUVERNEMENT

Le projet du gouvernement déposé par M. Barthe, garde des sceaux, au mois ne décembre 1833, contenait 50 articles et ne s'occupait que de la responsabilité criminelle, à l'exclusion de la responsabilité civile.

La responsabilité criminelle englobait les faits de trahison, de concussion et de prévarication. Celle-ci était ainsi définie : « Est coupable de prévarication le ministre qui compromet sciemment les intérèts de l'État par la violation ou l'inexécution des lois, ou par l'abus du pouvoir qui lui est légalement conféré. »

La commission nommée par la Chambre des députés et chargée d'examiner les deux projets se rallia à celui de M. Devaux, en ce sens qu'elle admit comme lui le principe de la responsabilité civile, et M. Bérenger, rapporteur, proposa de fixer ainsi les cas où cette responsabilité serait encourue (1) :

ART. 9. — « Tout fait grave dans la surveillance de l'exécution des lois et règlements relatifs à la gestion et à la conservation de la fortune publique ; tout emprunt non autorisé par une loi ou consenti sans avoir observé les règles prescrites par la loi qui l'autorise ; toute émission de bons royaux au delà des limites posées par la loi ou la nécessité ; toute garantie donnée aux emprunts ou à une créance étrangère sans l'autorisation des Chambres ; tout emploi des deniers hors la prévision des crédits ordinaires et non justifié par la nécessité, donnent lieu à la responsabilité civile. »

Dans l'article 9 la commission de la Chambre défi-

(1) Rapport de M. Bérenger déposé à la Chambre le samedi 20 avril. — *Moniteur* du 26 avril 1834.

nissait les cas de responsabilité ; elle réglait le mode de poursuite ou plutôt le mode d'exécution. L'article 25 portait : « Lorsqu'un ministre s'est mis dans l'un des cas prévus par l'article 9, chacune des deux Chambres, usant de son droit d'initiative, peut déclarer dans la forme ordinaire des lois, que le ministre a encouru la responsabilité civile. Elle ne fait toutefois cette déclaration qu'après avoir entendu le rapport d'une commission et le ministre dans ses explications ou les renseignements qu'il a jugé convenable de fournir.

« Cette déclaration faite, la Chambre décide s'il y a lieu ou non de relever le ministre de la responsabilité qu'il a encourue et d'admettre la dépense ; si elle refuse de l'admettre et si la fixation de la quotité du dommage, dont la réparation est due à l'État est de nature à être contestée, elle nomme une deuxième commission par la voie des bureaux pour donner son avis. La commission entend le ministre inculpé et fait son rapport. Après avoir entendu le ministre dans ses explications ou dans les renseignements qu'il a jugé à propos de fournir, la Chambre fixe définitivement la quotité du dommage. Sa résolution est immédiatement envoyée à l'autre Chambre qui procède dans les mêmes formes et de la même manière. La décision des Chambres sanctionnée par le Roi emporte pleinement et entièrement exécution sur les biens du ministre. »

On voit que par ces dispositions la commission proposait d'employer la voie législative pour les cas de responsabilité civile. Sur ce point elle se bornait à reproduire le principe formulé par M. Devaux dans son projet de loi. Mais elle y ajoutait des garanties suffi-

6

santes pour que le ministre fût bien assuré qu'on
ne mettrait pas inconsidérément à sa charge les
dépenses qu'il avait faites. Premièrement, déclaration
que le ministre a encouru la responsabilité civile :
l'article 25 exige un premier vote du Parlement à cet
égard.

Après la déclaration que le ministre a encouru la
responsabilité, vient un deuxième vote, préparé par
l'avis préalable d'une commission. Par ce deuxième
vote, la Chambre décide qu'il y a lieu ou qu'il n'y a pas
lieu de relever le ministre de la responsabilité qu'il a
encourue. Avant ce vote d'ailleurs, le ministre a le droit
de se faire entendre pour formuler ses moyens d'excuse,
pour se disculper, pour s'expliquer.

Le ministre a une troisième garantie dans ce fait
qu'une délibération s'ouvre encore pour la détermination de la quotité du dommage qu'il a causé
à l'État.

Enfin, une dernière sûreté lui vient de la nécessité
de la sanction royale. Toute cette procédure longue et
compliquée, favorable en cela au ministre mis en cause,
peut être réduite à néant, sans recours, si le Roi refuse
de contresigner en quelque sorte l'arrêt du Parlement.
Il faudra donc que le ministre n'ait pas la moindre
excuse à faire valoir pour que le Roi ne le couvre pas
par ce droit de grâce. A ce point de vue le projet de la
commission nous paraît très judicieux, car tout en
affirmant la nécessité d'assurer le bon emploi et la
bonne gestion des finances publiques, il met nettement
en relief cette idée qu'il importe de ne pas laisser un
ministre tombé du pouvoir à la merci de l'entraînement
ou de la rancune des majorités politiques ; ce n'est que

lorsque le ministre aura inutilement épuisé tous ces moyens de justification que la dépense pourra être définitivement mise à sa charge en cas de dépassement de crédits législatifs.

Qu'advint-il de ce projet élaboré par la commission de la Chambre et dont M. Bérenger fut l'éloquent défenseur ? Le ministère dont faisait partie M. Barthe était tombé ; le nouveau cabinet croyant aller au devant des sentiments de la majorité de la Chambre qui avait nommé la commission, adopta complètement et, pour ainsi dire, mot pour mot, les propositions que nous venons de rapporter, et même par une sorte de coquetterie raffinée, il poussa le désintéressement jusqu'à trouver que les garanties offertes aux ministres étaient trop nombreuses et que les intérêts de l'État ne devaient pas rester trop longtemps en souffrance sous prétexte de laisser à leurs Excellences tous les moyens de se disculper ; il admit tous les cas de responsabilité prévus dans le rapport Bérenger avec cette restriction que pour rendre les ministres pécuniairement responsables de leurs actes, il suffisait aux Chambres, *sous la forme ordinaire des lois,* de mettre à leur charge les sommes mal à-propos dépensées.

Le ministre était allé trop loin ; devant cet excès de zèle, la Chambre brûla ce qu'elle avait adoré et le cabinet se trouva en mauvaise posture pour avoir voulu lui être trop agréable.

Une deuxième commission fut nommée, et le résultat de son travail, dont Sauzet fut le rapporteur, aboutit à reprendre le projet présenté en 1833 par M. Barthe, garde des sceaux, au nom du gouvernement, c'est-à-dire que la responsabilité du ministre ne serait encourue qu'au cas de prévarication, article 6 du projet de la commission (1) :

« Lorsqu'un ministre aura dépassé les crédits ouverts par le budget à son département et que les crédits supplémentaires et extraordinaires par lui demandés auront été rejetés, la Chambre des députés pourra, suivant les circonstances, l'accuser de prévarication. La Cour des pairs, en statuant sur l'accusation, pourra mettre à la charge des ministres tout ou partie de la dépense rejetée.

« Elle ne pourra prononcer aucune autre peine. »

Une très brillante discussion s'ouvrit à la Chambre des députés à propos de cet article 6, le 20 mars 1835.

Le cadre restreint de cette étude nous oblige à ne retracer que les grandes lignes du débat dans lequel intervinrent des orateurs tels que Bérenger, Odilon Barrot, Dufaure, Lamartine, Humann, ministre des finances, Persil, garde des sceaux, de Salverte, Leyraud, membre de la commission, Sauzet, rapporteur, etc.

Lamartine trouvait le projet de la commission trop révolutionnaire, et, se laissant guider par un sentimentalisme outré, il allait jusqu'à nier au point de vue rationnel l'idée d'une responsabilité quelconque ; une pareille exigence aurait, d'après lui, pour effet inévitable, d'écarter du pouvoir tout homme désintéressé et honnête. En un mot, il préconisait le système de l'irresponsabilité absolue.

Cependant Lamartine admettait la responsabilité au cas où le ministre aurait détourné à son profit les fonds de l'État.

(1) Séance de la Chambre du 20 mars, *Moniteur* du 21 mars 1835.

Sans compter cette théorie extrême qui d'ailleurs ne trouva pas d'écho au Parlement, deux opinions se trouvaient en présence : celle des partisans de l'article 6, qui n'admettait la responsabilité civile que comme accessoire à l'action criminelle en cas de prévarication ; celle qui prétendait faire de la responsabilité civile une action directe, applicable en cas de faute grave. La commission, par l'intermédiaire de M. Sauzet, son rapporteur, refusait d'organiser la responsabilité civile tout en reconnaissant la justesse du principe. Elle admettait même un cas d'application : un ministre, accusé de prévarication par la Chambre, pourra être condamné par la Cour des pairs à supporter le dommage causé à l'État ; c'était illusoire.

Les adversaires de l'article 6 voulaient établir une responsabilité civile absolument indépendante de l'action criminelle. Bérenger, attaquant vivement ce texte, démontra la supériorité du système de la première commission. Ce n'est plus, disait-il, un simple règlement de comptes entre la Chambre et l'ancien ministre, c'est un crime de prévarication qu'on exige pour arriver à obtenir une réparation pécuniaire. C'est pour ce crime qu'on élève tout l'échafaudage d'un jugement, d'une mise en accusation de la part de la Chambre des députés et d'un jugement solennel de la Cour des pairs ; or, les Chambres, par ce moyen, ne feront pas rentrer plus facilement au Trésor les sommes qui en sont illégalement sorties, car, dans la plupart des cas, on ne pourra, pour un simple dépassement de crédits, accuser le ministre de prévarication. D'autre part, le projet de la commission de 1835 offre aux ministres moins de garanties de sécurité que l'article 25 de la commission de 1834 qui leur donne trois ou quatre occasions d'éclairer la Chambre et de se justifier.

Abstraction faite de toute intention délictueuse, il faut, disait également Dufaure, qu'en cas de faute grave compromettant l'intérêt du Trésor, le ministre soit responsable des dommages causés.

« Le pays, à la charge duquel se trouve la dépense, est un être collectif. Cet être collectif peut vous inspirer peu d'intérêt ; mais, divisez-le, subdivisez-le, et vous arriverez à trouver dans cet être collectif chacun des contribuables parmi lesquels se trouvent les indigents dont vous aggraverez la situation. Ainsi, plus vous dispenserez le ministre de supporter la faute commise et plus vous chargerez le contribuable. » (1)

La Chambre, sur un amendement proposé par la commission elle-même, consacra une théorie intermédiaire qui fit découler la responsabilité civile non-seulement du crime de prévarication, mais de toute faute grave. Le texte du nouvel article 6 ainsi amendé fut mis aux voix :

« Lorsqu'un ministre aura dépassé les crédits ouverts par le budget à son département et que les crédits supplémentaires ou extraordinaires par lui demandés auront été rejetés, la Chambre des députés pourra, *en cas de faute grave*, l'accuser de prévarication. La Cour des pairs en statuant sur la prévarication pourra mettre à la charge des ministres tout ou partie de la dépense rejetée. Elle ne pourra prononcer aucune autre peine. »

Ce fut le 2 avril 1835 qu'eut lieu le scrutin sur l'ensemble du projet : il fut adopté par 185 voix contre 161.

(1) *Moniteur Universel* du 21 mars. Séance de la Chambre des députés du 20 mars 1835.

Le gouvernement le porta devant la Chambre des pairs qui nomma une commission pour l'étudier en détail. Celle-ci, par l'organe de son rapporteur, M. Barthe, — le même qui en décembre 1833 avait, au nom du cabinet, déposé un projet de loi sur la responsabilité ministérielle, — rejeta le texte de l'article 6 dont elle déclara, à juste titre, la rédaction défectueuse. M. Barthe démontra facilement à ses collègues que la faute même grave, étant exclusive de toute intention criminelle, ne saurait jamais constituer un crime de prévarication et que, par conséquent, les poursuites dont parlait l'article 6 ne pourraient jamais être exercées contre les ministres, à moins d'aller ouvertement contre le texte même de la loi.

La rédaction de cet article 6 contenait un non sens que certainement la Chambre des pairs ne voudrait pas sanctionner par son approbation : si le ministre qui a dépassé ses crédits a compromis sciemment les intérêts de l'État, ou abusé criminellement du pouvoir de se faire ouvrir les caisses publiques ou d'engager le Trésor, il pourra être accusé de prévarication ; si ses intentions ne peuvent pas être incriminées, alors même qu'on pourrait lui imputer l'erreur la plus grave, il ne sera l'objet ni d'une action criminelle, ni d'une action civile, mais, selon les circonstances, les Chambres lui retireront leur appui, le Roi sa confiance.

Et pour nettement exprimer combien sa manière de voir différait de celle de la Chambre des députés, l'article 5 du projet adopté par la Chambre des pairs définit la prévarication :

« Il y a prévarication de la part des ministres, lorsqu'ils compromettent *sciemment* les intérêts de l'État par la violation ou l'inexécution des lois ou par l'abus *criminel* du pouvoir qui leur est légalement conféré.» (1)

Le projet ainsi complètement remanié par la Chambre haute fut déposé sur le bureau de la Chambre des députés par M. Persil, garde des sceaux, qui s'exprimait en ces termes dans la séance du 6 janvier 1837 :

...« On avait paru croire, mais personne ne soutenait plus aujourd'hui que le rejet du crédit doit mettre virtuellement la dépense à la charge du ministre ordonnateur. L'opinion qui porte le plus loin les obligations de la responsabilité ministérielle reconnaît que ce n'est qu'en cas de faute grave du ministre qu'il peut y avoir lieu à l'accuser de prévarication et à mettre à sa charge tout ou partie de la dépense rejetée. Cette opinion, qui avait un moment prévalu, peut donner ouverture à des injustices personnelles et à un grave préjudice public. En effet, un ministre a pu se montrer inhabile dans les circonstances critiques qu'il a traversées, il a pu se mettre dans le cas de voir ses crédits rejetés par les Chambres : devra-t-il donc encourir une autre responsabilité que la perte de son portefeuille ? Évidemment non. Décider autrement serait méconnaître que la perversité de l'intention est nécessaire pour convertir un acte dommageable en délit. Ce serait aussi placer le ministre dans une situation intolérable bien faite pour lui enlever toute initiative, toute liberté d'esprit. » (2).

(1) *Moniteur* du 26 juin 1836.

(2) M. Persil, prétendant que l'opinion extrême en matière de responsabilité civile des ministres « n'admet la poursuite qu'en cas de faute grave entraînant l'accusation de prévarication, » apportait à la tribune une affirmation erronée que nous trouvons au moins étrange dans sa bouche, puisqu'il avait assisté — en qualité de garde des sceaux — aux séances de la Cham-

La Chambre des députés, à cette époque, était prête à adopter le projet ainsi amendé par la Cour des pairs, mais elle fut dissoute sur ces entrefaites et le monument législatif si longtemps attendu resta inachevé. Ainsi, toutes ces belles discussions, tant d'efforts dépensés de tous les côtés de la Chambre avaient abouti au néant, et il ne restait de cette longue discussion parlementaire qu'une grande leçon et un noble exemple pour les législateurs à venir.

CONSTITUTION DE 1848

Après tous les débats soulevés par la question qui nous occupe dans les précédents régimes, la Constitution de 1848 ne pouvait pas la négliger. C'est dans son article 98 qu'elle nous offre une solution :

« Dans tous les cas de responsabilité des ministres, l'Assemblée nationale peut, suivant les circonstances, renvoyer le ministre inculpé, soit devant la Haute-Cour de justice, soit devant les tribunaux ordinaires pour les réparations civiles. »

Ce texte a suscité maintes controverses, il a provoqué de longues dissertations, nous en retrouverons quelques-unes lorsque nous rechercherons quel est le tribunal compétent pour juger les ministres ; pour le moment, bornons-nous à rechercher si l'article sus-énoncé vise bien la question telle que nous l'avons posée, c'est-à-dire s'il a trait à la responsabilité civile des ministres dans le cas de quasi-délits et en dehors de toute intention criminelle de leur part :

bre en mars 1835 et qu'il avait entendu MM. Bérenger, Dufaure et Charlemagne soutenir une théorie bien plus audacieuse que celle qu'il cite. Voir p. 63.

Les avis sont partagés : M. Jean Clos soutient la négative (1).

Son premier argument est un argument de texte : Le mot inculpé dont se sert le législateur dans l'article 98, dit-il, indique bien nettement qu'il ne s'agit ici que d'un acte criminel.

En second lieu, il raisonne de la façon suivante : puisque, quel que soit le fait qui donne naissance à la poursuite contre le ministre, l'Assemblée nationale a toujours le droit d'option entre la juridiction de la Haute-Cour et celle des tribunaux ordinaires, il semble bien que notre texte ne vise que l'action civile née d'un crime ou d'un délit. S'il en était autrement, s'il fallait donner à l'article 98 une signification absolue, on arriverait à ce résultat absurde que la Haute-Cour, tribunal éminemment politique, institué par nos Constitutions pour juger les ministres coupables de lèse-patrie, s'abaisserait à trancher des différends purement civils.

Est-ce donc pour accorder ou refuser des dommages et intérêts qu'on a créé cet imposant tribunal ; n'est-ce pas contraire à son essence même? Et n'est-ce pas amoindrir la dignité des membres qui le composent, tout en mettant parfois leur compétence à une rude épreuve, que de les obliger à donner leur avis dans des démêlés purement pécuniaires?

D'autres auteurs (2), au contraire, admettent que cet

(1) J. Clos, op. cit., p. 211 et suivantes.
(2) M. Faustin A.-Hélie, notamment dans son article paru dans la *France judiciaire*, année 1881-82, I., p. 423 et suivantes, estime que cet article 98 « prévoit pour la première fois dans notre législation le cas où le fait reproché au ministre n'est qu'un dol civil et donne à l'Assemblée nationale l'alternative pour obtenir des dommages et intérêts de saisir, soit la Haute-Cour, soit le tribunal civil ».

article 98 de la loi de 1848 peut être entendu aux cas de délits et de quasi-délits civils, — et nous adoptons leur interprétation.

Le premier argument de M. Clos, qui porte sur le mot inculpé, est insuffisant. D'après nous, dans l'article 98, le législateur a prévu le cas le plus fréquent. En général, en effet, le ministre contre lequel l'État aura à répéter une somme à titre de dommages et intérêts, aura en même temps à rendre compte d'un crime ou d'un délit : la réparation civile, en un mot, sera la plupart du temps entièrement liée à l'action criminelle ouverte contre le ministre.

Mais, en statuant *de eo quod plerumque fit*, l'article 98 n'a certainement pas voulu écarter la responsabilité civile des ministres dans le cas où elle apparaîtrait seule, dégagée de toute poursuite criminelle.

Le deuxième argument nous semble tiré d'une interprétation erronée du texte. A notre sens, voici quel est *l'esprit* de l'article 98 : quand une accusation ou une action sera portée contre un ministre responsable devant l'Assemblée nationale, celle-ci aura le droit d'option entre la juridiction de la Haute-Cour et celle des tribunaux ordinaires ; c'est-à-dire qu'il lui appartiendra de décider, — selon que dans l'acte incriminé le délit politique ou le dommage civil aura un caractère dominant, — quel sera le juge le mieux placé, le plus compétent, pour connaître de la question.

Et avec ce choix préalable, fait par l'Assemblée, l'écueil que signalait M. Clos et qui faisait la base de son système, n'existe plus, car il est certain que cette Chambre enverra devant la Haute-Cour les ministres coupables d'un délit politique, et devant les tribunaux ordinaires ceux auxquels l'État aura des dommages à demander.

Et ce qui prouve bien que notre système doit être préféré, c'est que pendant la discussion de l'article 98 l'Assemblée manifesta nettement l'intention de donner à ce texte le sens que nous indiquons.

Le citoyen Isambert demanda en effet quels seraient les tribunaux compétents quand la responsabilité civile des ministres serait encourue par suite de leurs simples fautes.

Le citoyen Martin (de Strasbourg), membre de la commission de Constitution, répondit :

« Dans ce cas, les ministres pourront être renvoyés devant les tribunaux ordinaires selon les règles ordinaires. »

Notre opinion est basée sur les travaux préparatoires et, quoi qu'on puisse objecter qu'il est contraire au principe de la séparation des pouvoirs que de simples tribunaux civils aient dans certains cas à apprécier la conduite d'un ministre, il est certain que la volonté formelle du législateur de 1848 fut, ne tenant pas compte de ce principe, le violant même si l'on veut, de placer les délits et quasi-délits civils des ministres sous l'empire du droit commun.

Il n'a d'ailleurs jamais été fait application en pratique des prescriptions de cet article 98, qui a donné naissance à bien des discussions.

La Constitution de 1848 (1) annonçait une loi spéciale sur la responsabilité ministérielle : elle ne fut jamais faite, mais, en 1850, dans la loi des finances du 15 mai, fut insérée un article 9, ainsi conçu :

(1) Article 68.

« Aucune dépense ne pourra être ordonnée ni liquidée, sans qu'un crédit préalable ait été ouvert par une
loi. Toute dépense non créditée ou portion de dépense
dépassant le crédit sera laissée à la charge du ministre
contrevenant. »

La seconde phrase de cet article, visant la responsabilité, n'existait pas dans le projet primitif : elle fut
ajoutée sur un amendement de M. Chauvin, député (1);
mais la portée du texte présenté par celui-ci fut considérablement diminuée : on restreignit aux ministres
seuls la responsabilité qui, d'après l'auteur de l'amendement, devait s'étendre à tous les fonctionnaires.

La proposition de M. Chauvin prétendait « réaliser,
appliquer cette responsabilité et faire que le contrôle
que l'Assemblée nationale est appelée à donner aux dépenses publiques fût un contrôle sérieux, un contrôle
dont on tienne compte, sous peine d'une responsabilité
sérieuse et réelle aussi ». (2)

M. Boucher, ministre de la justice, sans toucher au
fond même de la question, demandait à l'Assemblée s'il
était logique de discuter incidemment, à propos du
budget, un des points les plus importants de la responsabilité ministérielle, sans délibération préalable de
la commission du budget, sans que le gouvernement
eût été appelé à examiner la portée de l'article.

M. Mauguin réfuta la thèse du ministre en disant que
l'article 9 était *la sanction de la loi de finances,* au cas
où cette loi serait violée.

(1) Voir séance de la Chambre des députés, du 13 mai 1850,
dans le *Moniteur* du 14 mai.

(2) Discours de M. Favreau, séance de la Chambre des députés du 13 mai 1850. *Moniteur* du 14 mai.

« Mais on nous dit : attendez la loi sur la responsabilité ministérielle. Nous avons attendu cette loi depuis trente ans : il s'est toujours trouvé des gouvernements et des ministres surtout qui n'ont pas proposé la loi. » (1)

C'est sur la proposition de M. Mauguin que dans la deuxième phrase de l'article 9 le mot « ministre » fut substitué au mot général de « fonctionnaire », qui se trouvait dans le texte rédigé par M. Chauvin.

L'amendement fut voté au scrutin public et adopté malgré l'opposition du gouvernement et de la commission du budget, par 361 voix contre 276.

Quelle est la portée, quels seront les effets nouveaux de l'article 9 de la loi du 15 mai 1850 ?

Une vive controverse s'est élevée sur ce point et elle peut se résumer en ces termes : cet article doit-il être simplement considéré comme une affirmation du principe de la responsabilité civile, ou bien vise-t-il la mise en pratique de ce principe ? A-t-il introduit un nouveau mode d'exécution ? La première solution est adoptée par M. Audibert dans son discours sur la « responsabilité des comptables et celle des ministres en matière de dépenses publiques » (2).

« Cette disposition, dit-il, n'a fait qu'affirmer le caractère réel de la responsabilité des ministres dans les cas prévus par la loi de 1817, mais elle n'a pas établi un nouveau mode d'exécution.

« Comme le faisait observer M. de Barante dans son rapport de 1829, il n'était pas besoin d'instituer par une loi la responsabilité morale et politique. La doctrine professée à cet égard dans tous les rapports et

(1) *Moniteur* du 14 mai 1850.
(2) *Journal Officiel* du 12 novembre 1885.

toutes les discussions admettait que la responsabilité
civile était inscrite dans les chartes de 1814 et de 1830
au même titre que l'action criminelle. »

M. Jean Clos, dans son ouvrage sur la responsabilité
des ministres (1), soutient au contraire que la loi de
1850, article 9, a pour but de réaliser la responsabilité
civile des ministres. S'il ne s'était agi que d'une nouvelle affirmation platonique de la responsabilité civile,
pourquoi, dit-il, aurait-on introduit ce texte dans la loi
de finances, par voie d'amendement, alors surtout que
la Constitution de 1848, article 98, traite de la question
et détermine la procédure et la juridiction compétente ?
Si on n'avait pas voulu organiser la mise en pratique
de cette responsabilité, comment s'expliquerait cette
discussion à propos de l'article 9, incompréhensible si
on ne lui donne pour cause que l'affirmation d'un principe admis par tous ?

Un second argument présenté par M. Clos est également tiré des travaux préparatoires : MM. Favreau et
Mauguin qui défendirent l'amendement Chauvin contre
le ministre de la justice et le rapporteur de la commission, affirmèrent bien nettement que cet article 9 devait
être une sanction pratique de la responsabilité ministérielle, une application sérieuse de ce principe que
malgré tant de promesses, aucune loi n'était venue réglementer. Il cite un passage du discours de M. Favreau
dans la séance du 14 mai 1850 :

« L'exemple du passé prouve qu'il n'y a pas suffisamment dans la loi de quoi réaliser la responsabilité
ministérielle, qu'elle n'a jamais été mise en pratique
une seule fois, apparemment parce qu'elle n'était pas

(1) IIIe partie, p. 225 et suivantes.

réalisable. L'amendement a pour but de *réaliser* cette responsabilité et de faire du contrôle de l'Assemblée nationale sur les dépenses publiques un contrôle dont on tienne compte sous peine d'une responsabilité sérieuse et réelle. Quand un ministre dépasse les autorisations données par le budget, il est *personnellement responsable et personnellement doit payer la somme.* »

Il ne saurait y avoir de doute par conséquent, dit M. Clos, sur la volonté du législateur qui est formelle.

Il est certain que personne ne cherche à contester ce point, mais de là à affirmer que l'article 9 de la loi du 15 mai 1850 contient un mode de réalisation de la responsabilité il y a loin.

Nous pensons que l'article 9 de la loi du 15 mai 1850 est un maladroit complément de l'article 98 de la Constitution de 1848 : nous avons vu que celui-ci déterminait les pouvoirs de l'Assemblée nationale *dans tous les cas de responsabilité ;* la loi de 1850 n'a fait qu'indiquer deux cas de responsabilité : le ministre qui aura fait une dépense sans crédit, ou qui aura dépassé un crédit voté, pourra être renvoyé par l'Assemblée nationale, suivant les circonstances, soit devant la Haute-Cour de justice, soit devant les tribunaux ordinaires, qui laisseront la dépense à sa charge.

Ces deux textes parus à des dates aussi rapprochées l'une de l'autre, avaient pour but de se compléter ; mais la loi de 1850 était inutile puisque l'article 98 de la Constitution comprenait les deux cas de responsabilité qu'elle met en relief ; nous en concluons qu'il est inexact de prétendre que la loi de finances de 1850 organise la mise en œuvre de la responsabilité ministérielle ; la Constitution de 1848, non-seulement était plus complète, mais encore, réglant la question de procédure et de compétence, avait véritablement fait œuvre pratique.

L'article 9 de la loi de finances de 1850 n'a pas avancé la solution de la question ; il n'a été qu'une affirmation nouvelle de la nécessité d'un contrôle parlementaire plus effectif : c'est là le vœu d'un conseil d'arrondissement, non un monument législatif.

Pendant qu'à propos de l'article 9 de la loi de 1850, de longues discussions agitaient l'Assemblée nationale, le Conseil d'État, sur l'ordre du gouvernement, se livrait à l'étude du problème de la responsabilité civile des ministres ; l'élaboration de son travail fut lente, car dans son sein s'élevèrent également toutes les difficultés que nous avons signalées, se produisirent les mêmes divergences ; néanmoins, la majorité finit par se ranger au principe de la responsabilité et le projet de loi fut adopté le 12 novembre 1851.

Dans le texte du rapport déposé à cette occasion, le Conseil d'État rappelait que « ce n'est qu'avec une grande réserve que les Chambres ont invoqué ce principe contre les ministres ; mais elles l'ont maintenu et fait prévaloir à plusieurs reprises, et si cette règle disparaissait ou si elle restait comme une menace impuissante du législateur, l'ordre des finances de l'État ne serait plus qu'un vain mot.

« Le plus souvent, quand le rejet du crédit n'aura pour motif que l'irrégularité de la dépense, la décision de l'Assemblée entraînera des conséquences purement politiques offrant cependant une garantie réelle ; mais il se peut que cette garantie ne réponde pas suffisamment à la gravité de l'acte. Si l'inexécution des lois a causé un dommage à l'État et si ce dommage peut se traduire

7

BIBLIOTHÈQUE NATIONALE IMPRIMÉS

par des chiffres ou des évaluations précises, alors le droit de répétition devient l'inévitable sanction des règles qui protègent le Trésor public. »

L'article 7 du projet indiquait les cas donnant naissance à l'action civile :

« La responsabilité civile des ministres peut être déclarée toutes les fois que l'Assemblée nationale a rejeté une dépense comme faite sans crédits ou en excédent des crédits ouverts ou comme faite en contravention aux lois, bien qu'elle ait été imputée sur un crédit régulièrement ouvert.

« La responsabilité civile des ministres peut également être déclarée en raison des dépenses qu'ils ont faites sur des crédits ouverts par décrets lorsque ces décrets n'ont pas été convertis en lois par l'Assemblée nationale. »

Et l'article 18 indiquait les moyens de procédure destinés à assurer l'exécution de la loi.

« Lorsque la responsabilité civile des ministres est encourue, dans les cas prévus par l'article 7, l'Assemblée nationale décide par une résolution expresse s'il y a lieu à exercer des poursuites en recouvrement de tout ou partie de la somme dépensée contre le ministre qui a ordonné la dépense.

« Cette résolution est prise dans les formes prescrites par les articles 8 à 16 pour la mise en accusation des ministres. »

Le texte était donc clair : les vœux de MM. Mauguin et Favreau avaient revêtu ici une forme pratique. Malheureusement ce projet ne put pas venir en discussion devant l'Assemblée nationale et il fut emporté dans la tempête du Coup d'État.

II· EMPIRE

Après le Coup d'État on organisa bien une Haute-Cour pour juger les ministres criminels, mais aucun Senatus-Consulte ne parle de la responsabilité civile. A l'origine elle ne saurait se concevoir : les ministres ne dépendent que de l'Empereur ; ce sont des fonctionnaires à lui et le Parlement n'a pas le droit d'intervenir dans les engagements conclus entre la couronne et eux. En 1862, l'article 41 du décret du 31 mai indique bien que les ministres ne peuvent, sous leur responsabilité, dépenser au delà des crédits ouverts à chacun d'eux, mais ce texte est trop vague pour constituer une sanction effective aux irrégularités de l'administration (1).

En 1869, quand l'Empire se transforma et devint libéral, il n'eut pas le temps de songer à organiser la responsabilité civile.

III· RÉPUBLIQUE

Dans la Constitution de 1875, l'article 6 de la loi du 25-28 février est relatif à la responsabilité ministérielle : « Les ministres sont solidairement responsables, devant les Chambres, de la politique générale du gouvernement et, *individuellement, de leurs actes personnels...* »

Il n'est pas douteux que ce texte vise aussi bien la responsabilité civile que la responsabilité politique ; les termes en sont assez vagues et assez généraux ; mais si véritablement le législateur avait entendu donner une sanction réelle à ce principe, en ce qui concerne les réparations civiles, s'il avait songé aux difficultés

(1) Voir *supra* p. 23.

soulevées dans le passé par cette question et s'il avait
voulu en éviter le retour, il aurait dû au moins indiquer
à grands traits le fonctionnement de cette responsabilité, quel serait le juge compétent, dans quelles circonstances ce mécanisme compliqué et délicat serait
mis en œuvre.

Il est beau de voir admettre par notre Constitution ce
principe que défendirent si éloquemment sous la
monarchie de Juillet, les Dufaure, les Bérenger, les
Odilon Barrot, les de Broglie, mais c'est bien insuffisant, et la moindre réglementation ferait bien mieux
notre affaire : décréter la responsabilité des ministres
de cette façon, c'est par avance promettre à ceux-ci
l'impunité pour leurs fautes, c'est rassurer les inca-
pables qui pourraient trembler pour leur fortune personnelle et qui désormais n'hésiteront plus à prendre
en main la gestion de la fortune publique.

Poser, comme dans l'article 6, un principe équitable
en soi, sans en déterminer l'application, c'est faire
œuvre vaine, c'est affaiblir le prestige de la Constitution
par un aveu d'impuissance (1).

Comment expliquer cette attitude du législateur ?
Est-ce un oubli excusable en cette période de transfor-
mation ? Ou bien le souvenir de ce qui s'était passé de
1832 à 1836, de tant de vibrantes discussions demeurées
en somme inutiles parce qu'elles n'avaient abouti à
aucune solution, ce souvenir vint-il par avance lui dé-

(1) « Lorsqu'une telle situation est ainsi mise au grand jour,
lorsque tout le monde est d'accord sur la violation permanente
de la loi, on ne peut pas se dissimuler que ce qui est en jeu
c'est le principe de notre organisation parlementaire. » (Discours de M. André Berthelot. — Chambre des députés, séance
du 12 décembre 1898. — *J. O.* du 13 décembre 1898).

montrer l'inutilité de ses efforts là où de si grands devanciers avaient échoué ?

S'il en fut ainsi, combien il aurait mieux fait de reprendre leur œuvre grande mais inachevée et, profitant de leurs travaux et de toute l'expérience du passé, de résoudre enfin ce problème qui depuis un siècle semble un défi jeté aux législateurs de tous les pays.

Nous verrons d'ailleurs dans un autre chapitre que divers projets provenant de l'initiative parlementaire ont tenté de trancher la question dans les Chambres françaises et qu'enfin le gouvernement lui-même s'est occupé de la question.

Nous en tenant à la législation actuelle, parmi toutes les Constitutions françaises que nous avons passées en revue, nous avons constaté qu'il en est au moins deux, celle de 1848, dans son article 98, et celle de 1875, dans l'article 6 de la loi du 25 février, qui permettent d'affirmer que la responsabilité civile des ministres existe ; mais dans cette dernière surtout, les termes destinés à l'indiquer sont tellement généraux que beaucoup d'auteurs ont pu croire qu'elle n'était pas comprise dans cet article 6. Ce qui prouve en outre que notre législation est insuffisante sur ce point, c'est le nombre de propositions de loi déposées au Parlement, depuis 1875 (1), dans le but d'établir contre les ministres une responsabilité civile effective.

_____

(1) Voir chapitre vi.

APPENDICE

LA RESPONSABILITÉ CIVILE DANS LES CONSTITUTIONS
ÉTRANGÈRES.

Pour étudier avec plus de clarté la responsabilité
civile dans les Constitutions étrangères, nous exami-
nerons successivement : 1° celles qui ne contiennent
pas de texte spécial sur la question ; 2° celles qui admettent l'action en responsabilité civile, mais seulement
comme accessoire à l'action criminelle dirigée contre
le ministre ; 3° celles qui autorisent l'action directe en
dommages contre le ministre.

§ 1. — *Constitutions étrangères ne réglementant pas
la responsabilité civile des ministres vis-à-vis de
l'État.*

1° **Prusse.** — En principe, l'article 61 de la Constitution du 30 janvier 1850 (1) déclare que la responsabilité civile des ministres peut être mise en jeu par la
Chambre ; en fait, il n'en est rien, car la loi spéciale
qu'annonce cette Constitution n'a jamais été promul-
guée.

En l'absence d'un texte précis, la doctrine est très
divisée sur notre question (2). M. Labaud est très catégorique et il n'admet en aucun cas la possibilité de la
mise en œuvre de la responsabilité civile des ministres,
soit qu'il y ait négligence ou faute grave de leur part,

(1) Dareste, *Les Constitutions modernes*, T. I, p. 170 ; voir
en outre Dalloz, *Supplément au répertoire* V° *Responsabilité.*
(2) C'est surtout à propos de la question de compétence que
es auteurs sont divisés. Voir d'ailleurs chapitre IV.

car d'après lui il n'y a aucun tribunal compétent ; il est d'avis, en outre, que le gouvernement a le droit de mettre le budget en exécution quand les Chambres refusent de le voter. « Le Landtag ne peut que se refuser à voter les crédits dépassant ceux du budget et à décharger l'administration de ces dépenses. Le refus de la décharge peut être désagréable au gouvernement, mais il n'entraîne aucune conséquence pratique et il peut arriver que le ministre se résigne à se dispenser de cette décharge de la part du Landtag ou de l'une des deux Chambres. »

2° **Portugal.** -- La charte constitutionnelle du 29 avril 1826, chapitre VI, article 103, déclare que « les ministres sont responsables... 1° pour toute dissipation de deniers publics. » — Art. 104 : « Une loi particulière spécifiera la nature de ces délits et le mode de procéder en cette matière. » (1). Mais cette loi n'a pas été faite et on peut dire que la responsabilité civile n'existe pas.

Au point de vue purement historique, il peut être intéressant de rappeler qu'en 1880 le gouvernement présenta un projet à la Chambre Basse qui, en définitive, aboutissait au système suivant : « Pourront être poursuivis criminellement les ministres qui auront gaspillé les deniers de l'État. » C'est la reproduction à peu près textuelle de l'article 6 que la commission de la Chambre française proposait en 1835 et que le gouvernement avait accepté (2).

Le projet portugais indiquait trois cas de gaspillage des deniers publics :

(1) Dareste, *Les Constitutions modernes*, T. II, p. 37.
(2) Voir p. 86.

« 1° En cas de dépenses supplémentaires ou extraordinaires ordonnancées sans aucune nécessité ou accomplies sans l'observation des formalités légales ;

« 2° En cas de passation de contrats onéreux pour l'État et sans l'observation des formalités légales ;

« 3° Au cas où par négligence ils ont dépensé ou laissé dépenser par leurs agents plus qu'il ne fallait. »

La Chambre Basse adopta ce projet, mais en 1880, la Chambre des pairs du Portugal fit la même réponse que la nôtre en 1835 et repoussa cette responsabilité ministérielle.

En 1893 fut déposé un projet de loi sur la responsabilité ministérielle. « Ce projet, qui doit dans la pensée de son auteur, éviter le retour des procédés un peu fantaisistes qui ont signalé l'administration d'un ministre des finances, il y a deux ans, se distingue des lois existant en France et dans d'autres pays, en ce qu'il prévoit des peines afflictives à appliquer pour chaque cas motivant une poursuite, et impose une responsabilité effective et matérielle pour les dommages causés à l'État par une mesure prise par le ministre incriminé. » (Journal *Le Temps*, 20 mars 1893). Ce projet n'a jamais été discuté.

3° En **Suède** (1) où la responsabilité criminelle des ministres est admise (loi du 10 février 1810), la Constitution est muette sur leur responsabilité civile, et il n'a jamais été question d'étendre aux ministres le chapitre 6 § 1 et le chapitre 25 du Code pénal qui édictent pour tous les autres ordonnateurs des finances publiques une

(1) Dalloz, *Supplément au répertoire* V° *Responsabilité.*

action civile exercée conjointement à l'action criminelle, devant le même tribunal.

4° En **Angleterre** il n'existe pas de texte précis
organisant la responsabilité civile contre les ministres
et d'ailleurs, jusqu'à ce jour, la question ne s'est jamais
posée effectivement. Cela ne veut pas dire que les ministres anglais se soient toujours abstenus de dépenser
au delà des crédits ouverts par les Chambres. Nous le
démontrons par cet exemple extrait du journal *Le
Temps* du 23 janvier 1898 :

« Quant au coût de ces campagnes au Soudan, je ne
sais si l'on s'en fait en France — voire en Angleterre —
une idée bien exacte. C'est toujours de la même façon
qu'elles s'entreprennent. Le ministre jure ses grands
dieux qu'il suffira des indispensables crédits qu'il demande. Six mois après, il en sollicite d'autres non
moins indispensables. Le 7 août 1884, le Parlement
anglais vota un crédit de 300.000 livres, soit 7 millions
et demi. Or, sait-on à combien se monta la carte à
payer ? *Onze millions de livres ou 275 millions de
francs*, inscrits sous différentes rubriques aux budgets
anglais. Les chiffres sont exacts. Voilà ce qu'il en
coûte de s'aventurer au désert, surtout quand on n'y a
pas de droits. »

§ 2. — *Constitutions étrangères admettant la res
ponsabilité civile, mais seulement comme accessoire
à l'action criminelle dirigée contre le ministre.*

1° **Hollande.** — Le principe de la responsabilité
civile ne se trouve même pas posé dans la loi du 22 avril
1855, qui pourtant a trait à la responsabilité ministé-

rielle en général. Le projet primitif, déposé par le gouvernement, en faisait mention, mais il fut décidé qu'une loi spéciale fixerait tous les détails de la question ; cette loi n'a jamais été faite, mais l'article 355 du nouveau Code pénal, du 3 mars 1881, énumère les cas dans lesquels cette responsabilité est encourue :

« Sont *punis* d'un emprisonnement de trois ans au plus avec ou sans interdiction des droits civiques, les chefs des départements ministériels 1° qui donnent leur contre-seing à des décrets royaux ou à des résolutions royales, sachant qu'ils violent soit la loi fondamentale, soit d'autres lois ou règlements généraux d'administration intérieure de l'État ou de ses colonies et possessions ; 2° qui mettent à exécution des décrets royaux ou des résolutions royales sachant qu'ils ne sont pas pourvus du contre-seing ; 3° qui prennent des résolutions ou qui maintiennent des résolutions ou des ordres déjà existants, sachant qu'ils violent soit la loi fondamentale, soit d'autres lois ou règlements généraux d'administration intérieure de l'État ou de ses colonies et possessions ; 4° qui omettent avec intention de donner exécution aux articles de la loi fondamentale ou d'autres lois ou règlements généraux d'administration publique, en tant que cette exécution appartient par la nature de son objet à leur département ministériel ou qu'ils en sont expressément chargés. » (1)

Il n'est pas douteux que le tribunal compétent, devant qui le ministre inculpé devra rendre compte du délit qu'on lui reproche, pourra en outre le condamner à la réparation du dommage que son acte aura causé à l'État.

(1) Code pénal des Pays-Bas traduit par Wintgens. — *Revue politique et parlementaire*, T. 3, p. 567, T. 5, p. 561.

2° En **Norwège,** les ministres coupables ou négli-
gents en tant qu'ordonnateurs peuvent être poursuivis
devant un tribunal spécial appelé Cour du Royaume, en
vertu de la loi du 27 juillet 1828 et du § 1, chapitre 26,
du Code pénal (1). Pour que l'État puisse obtenir d'eux
une indemnité quelconque, il faut qu'ils aient été au
préalable condamnés pour crime de prévarication ou de
concussion. Aussi, en pratique, la responsabilité civile
ne fonctionne jamais.

3° **Autriche-Hongrie.** — L'article 6 de la Constitution du 25 juillet 1867 (2) dispose que « tout ministre
peut être poursuivi devant les tribunaux ordinaires
pour la réparation du dommage résultant d'un acte de
ses fonctions, soit au préjudice de l'État, soit au préjudice d'un particulier... La poursuite ci-dessus ne pourra
avoir lieu qu'autant que l'acte illégal, cause du dommage, aura provoqué la mise en accusation du ministre. »

Avant cette époque, l'article 32 de la loi de 1848 sur
la formation d'un ministère hongrois indépendant, —
article qui n'a pas été modifié par la loi constitutionnelle de 1867 — admettait le même principe : « Les
ministres sont responsables : a)... b) pour le détournement ou l'emploi inconstitutionnel des fonds ou autres
valeurs à eux confiés. » (3)

Il est évident que ce texte ne vise pas la responsabilité
civile directe ; le mot « détournement » implique une
intention criminelle et l'action en indemnité vis-à-vis

(1) Dalloz, *Supplément au Répertoire* V⁰ *Responsabilité.*
(2) Voir Dalloz, *Supplément au Répertoire* V⁰ *Responsabilité.*
(3) Dareste, op. cit. T. 1, page 406.

de l'État ne saurait dès lors se concevoir autrement que sous la forme d'une demande pécuniaire jointe à l'action pénale.

4° **Belgique.** — La Constitution du 7 février 1831 organise la responsabilité pénale contre les ministres, indique la juridiction compétente, laissant à celle-ci le soin de déterminer *la peine ;* mais l'action civile n'est nulle part mentionnée. Les deux textes de cette Constitution relatifs à la responsabilité ministérielle sont l'article 90 (titre III, ch. II, sect. II) et l'article 134 (titre VIII, Dispositions transitoires).

Art. 90. — « La Chambre des représentants a le droit d'accuser les ministres et de les traduire devant la Cour de cassation qui seule a le droit de les juger, chambres réunies, sauf ce qui sera statué par la loi, quant à l'exercice de l'action civile par la partie lésée (1) et aux crimes et délits que le ministre aurait commis hors l'exercice de ses fonctions. Une loi déterminera les cas de responsabilité, les *peines* à infliger au ministre et le mode de procéder contre eux, soit sur l'accusation admise par la Chambre des représentants, soit sur la poursuite des parties lésées » (2).

Art. 134. — « Jusqu'à ce qu'il y soit pourvu par une loi, la Chambre des représentants aura un pouvoir discrétionnaire pour *accuser* un ministre et la Cour de cassation pour le juger, en caractérisant le délit et en déterminant la peine, etc... » (3).

Si la Chambre des représentants, si la Cour de cassation ont un pouvoir discrétionnaire, l'une pour ac-

(1) Il s'agit évidemment d'un particulier.
(2) Dareste, op. cit. Tome I, pp. 68 et 69.
(3) Dareste, op. cit. Tome I, p. 75.

cuser le ministre, l'autre pour déterminer la peine, la responsabilité civile du ministre pourra être mise en œuvre, mais seulement lorsqu'il aura commis un crime ou un délit, en cas de prévarication ou de concussion. Pour un dépassement de crédits ou une simple négligence, la Chambre des représentants ne mettra jamais un ministre en accusation.

La loi annoncée par la Constitution de 1831 n'ayant jamais été faite, les dispositions des articles 90 et 134 sont toujours en vigueur : nous pouvons en conclure qu'inutilement a été ajouté l'article 18 de la loi du 15 mai 1845 disposant que « les ordonnateurs sont responsables : (*a*) des paiements mandatés par eux contrairement aux lois et règlements d'administration ; (*b*) des fautes ou négligences de leurs agents, sauf recours contre eux ; (*c*) de tout double emploi dans les dépenses et de tout paiement opéré indûment » (1).

5° Au **Brésil** (2) la Constitution de 1891 ne prévoit pas la responsabilité civile des ministres, mais l'article 6 de la loi du 25 octobre 1827, loi qui est encore en vigueur, décide que les ministres sont responsables pour dissipation des deniers publics en ordonnant des dépenses non autorisées par la loi, — ou en les faisant contrairement à la forme en laquelle elles sont autorisées, — ou en faisant des contrats préjudiciables à l'État.

Les *peines* pour les *délits* ci-dessus sont les mêmes que celles appliquées aux délits compris dans le para-

---

(1) Voir page 31, par quel moyen pratique on a essayé en Belgique de diminuer les crédits extra-budgétaires.

(2) Dalloz, *Supplément au Répertoire*, V° *Responsabilité*.

graphe 1 de l'article 3 (c'est-à-dire la suspension d'emploi pour 2, 4 ou 6 ans, plus la réparation du dommage).

§ *3. — Constitutions étrangères qui admettent l'action directe en dommages et intérêts contre le ministre.*

Suisse (1). — Le principe de la responsabilité civile est intégralement admis dans la République helvétique : les membres du pouvoir exécutif sont assimilés à des fonctionnaires ordinaires et la loi du 9 décembre 1850, qui est générale, leur est applicable. Ils sont passibles de dommages et intérêts envers l'État quand par un acte formel, ou par une omission, ils ont contrevenu aux lois fédérales et causé un préjudice à l'État.

Quelle est la portée de ce texte et peut-on affirmer qu'il serait applicable à notre matière, en cas de dépassement de crédit ? Remarquons d'abord qu'en pratique la question ne s'est jamais posée, mais s'il y avait lieu d'interpréter cette loi de 1850, dans notre hypothèse, voici, d'après nous, la distinction qu'il serait nécessaire d'établir : si, en effectuant une dépense sans le consentement du Parlement, le ministre n'avait pas pris toutes les précautions requises par la loi (exemple, le fait signalé à la tribune de la Chambre française le 12 décembre 1898, l'appel d'un contingent de conscrits ou de réservistes supérieur au chiffre fixé par le budget) (2), ou bien s'il avait négligé de s'entourer de toutes les garanties imposées par les règlements (exemple, le cas de M. Caillaux dans l'affaire de la Cour des

(1) Dareste, op. cit., loc. cit.
(2) Voir *supra*, p. 58.

Comptes) (1), — dans ces deux hypothèses, il nous paraît certain qu'on pourrait lui appliquer la loi de 1850.

Mais si, au contraire, il avait observé toutes les formalités édictées par les lois ou règlements financiers de la confédération, en matière de crédits extra-budgétaires, si en sa conscience il avait cru nécessaire d'engager une dépense, régulièrement, légalement, mais sans que celle-ci fût prévue au budget ou en l'absence du Parlement, nous ne croyons pas que le ministre pût être effectivement rendu responsable en vertu de la loi de 1850, même si ultérieurement les faits avaient démontré que la dépense était inopportune, même si le bill d'indemnité avait été refusé à l'ordonnateur : il n'a pas contrevenu aux lois fédérales. (2)

2° **Chili.** — Aux termes de l'article 18 de la Constitution chilienne « chaque ministre est responsable personnellement des actes qu'il signe et *in solidum* de ceux qu'il souscrit ou arrête, d'accord avec les autres ministres » (3).

En outre, l'article 16 d'une loi de 1884 qui réglemente le mode d'établissement du budget et l'emploi des deniers publics, déclare que « les ordonnateurs d'un paiement illégal sont personnellement responsables ».

Enfin, l'article 146 de la Constitution dispose que « nul paiement ne peut être mis en compte aux trésoriers de l'État, s'il n'a été fait en vertu d'un décret indiquant la loi ou l'article du budget qui autorise la dépense » (4). A la différence de la législation helvé-

(1) Voir *infra*, chap. v.
(2) Voir en ce sens Dalloz, op. cit., loc. cit.
(3) Valentin Letelier, *Revue de Droit public*, T. 6-1896, p. 491.
(4) Valentin Letelier, op. cit., loc. cit.

tique, la Constitution hilienne est formelle : toute dépense faite par le ministre en dehors des crédits alloués par le budget peut être laissée à la charge du ministre, quand le Congrès a refusé le bill d'indemnité. Nous verrons dans le chapitre suivant — quand nous parlerons de la juridiction compétente — les difficultés qu'a soulevées en pratique l'exercice de ce droit formellement reconnu à l'État.

3° **Roumanie.** — L'article 101 de la Constitution du 30 juin (12 juillet) 1866 annonçait qu'une loi serait présentée à la prochaine session pour déterminer les cas de responsabilité civile des ministres et la procédure à suivre.

Cette promesse ne fut tenue qu'en 1879, mais la loi du 2 mai 1879 (1) organisa complètement cette responsabilité : c'est le seul monument législatif véritablement complet qui ait été fait sur la matière.

Laisant de côté la juridiction et la procédure indiquées par cette loi, bornons-nous à indiquer comment dans l'article 4 le législateur détermine les faits pouvant donner naissance à une action en indemnité de l'État vis-à-vis du ministre : « Le ministre qui de mauvaise foi aura causé un dommage à l'État ou l'aura exposé à payer des dommages et intérêts à des particuliers sera civilement responsable envers l'État. » (2)

Ce texte exige deux conditions pour que l'acte du ministre, le dépassement de crédit en notre espèce, donne naissance à une action civile : 1° que l'État ait subi un préjudice ; 2° que le ministre ait agi de mau-

---

(1) La loi du 2 mai 1879 est traduite dans l'*Annuaire de Législation étrangère*, 1880, p. 761.
(2) Voir Dalloz, op. cit., loc. cit.

vaise foi. La première de ces conditions était évidente ; en droit commun, la seconde caractérise le délit et théoriquement on pourrait soutenir que la loi roumaine n'a pas véritablement institué la responsabilité civile.

A notre sens, l'article 4 signifie simplement que la légère négligence et l'erreur ne seront pas imputables au ministre. Cette restriction a toujours été admise et ceux-là mêmes qui, en 1835, soutinrent, en France, que les textes du mandat civil devaient être appliqués à la gestion des ordonnateurs, reconnaissaient que le Parlement avait le droit de rechercher, avant l'envoi de l'affaire devant le tribunal compétent, si les circonstances qui avaient poussé le ministre à dépasser les crédits votés ne faisaient point excuser son acte.

De même en Roumanie, avant que les tribunaux aient à statuer sur la question de la réparation civile, le Corps législatif pèse les mobiles qui ont poussé le ministre et ne donne l'autorisation de le poursuivre que lorsqu'il ne saurait y avoir de doute sur sa mauvaise foi.

Nous pouvons conclure que la loi du 2 mai 1879 tranche d'une manière absolue la question de la responsabilité civile, telle que nous l'avons posée, et ne fait d'autres restrictions au principe que celles qui sont unanimement reconnues nécessaires.

Telles sont dans les Constitutions étrangères les règles admises : en général, nous avons pu constater les mêmes hésitations qu'en France ; à peu près tous les Parlements s'en sont tenus à ce système de demi-mesures qui aboutit au néant ; aussi est-il nécessaire de féliciter ces trois petits peuples, la Suisse, le Chili et

8

surtout la Roumanie, qui ont donné à tant de grandes puissances l'exemple d'une telle décision.

Dans ce dernier royaume, pourtant d'origine récente et privé d'expérience parlementaire, le législateur a hardiment choisi parmi les divers systèmes sans cesse inutilement ressassés dans tous les pays, celui qui attribue la compétence aux tribunaux civils, et il l'a suivi jusqu'au bout en le développant dans une loi précise : quand serons-nous capables d'imiter le royaume de Roumanie ?

CHAPITRE IV

DE LA JURIDICTION COMPÉTENTE

> « En commençant l'examen d'une
> question, on prend ordinairement le
> ton dogmatique, parce qu'on est dé-
> cidé en secret..., mais la discussion
> réveille l'objection, — et tout finit
> par le doute. »
>
> X. de MAISTRE, *Voyage autour
> de ma chambre,* chapitre XXV
> *in fine.*

Nous avons admis dans le précédent chapitre que les
ministres étaient civilement responsables et que la
Constitution de 1848 ainsi que celle de 1875 accordaient
à l'État la faculté de demander réparation du dommage
causé par une mauvaise gestion. Mais à quel tribunal
s'adressera-t-il pour réclamer cette indemnité ?

La détermination de cette juridiction compétente est
le point le plus délicat de notre matière ; à voir le nombre des systèmes proposés, la différence absolue des
juridictions choisies, les controverses interminables
soulevées par cette question, on se rend aisément compte
des tâtonnements du législateur pendant tout un siècle.

Plus on approfondit cette étude et plus on arrive à se
convaincre qu'elle contient un problème à peu près
insoluble et qu'aucune théorie ne pourra donner à l'esprit une entière satisfaction : des critiques fondées
pourront toujours atteindre le choix d'un tribunal qui
doit trancher une question touchant à la fois au droit
civil, au droit constitutionnel, et à la législation finan-

cière. D'une façon générale, on doit exiger des juges trois qualités nettement distinctes : 1° la compétence intellectuelle ; 2° l'indépendance ; 3° l'impartialité ; chacun sent combien ces garanties sont indispensables pour assurer la perfection du jugement ; nous nous servirons de cet axiome comme d'une pierre de touche : nous soumettrons les divers systèmes proposés à cette épreuve et nous prouverons qu'aucun ne résiste à un examen approfondi.

Ces idées générales posées, nous diviserons notre chapitre en quatre sections : dans la première nous grouperons tous les arguments destinés à démontrer la compétence des tribunaux civils ; dans la seconde, ceux qui sont invoqués en faveur de la compétence de la Cour des Comptes ; dans la troisième, nous indiquerons les systèmes qui préconisent la juridiction du pouvoir législatif ; dans la quatrième, nous écarterons celle du Conseil d'État.

SECTION I

DE LA COMPÉTENCE DES TRIBUNAUX CIVILS

Trois auteurs (1), MM. F.-A. Hélie, Roussel, Haurion, admettent cette solution, mais avec des arguments divers : l'exposition et la réfutation de ces trois systèmes formeront le développement naturel de notre section, que nous compléterons par un aperçu de la législation étrangère.

(1) En 1829, lors de l'affaire Peyronnet, M. Dupin soutint que les tribunaux civils étaient compétents et fit admettre son opinion par la Chambre.

§ 1. — *Système de M. F.-A. Hélie.*

Dans un article intitulé « De la responsabilité des
ministres au point de vue de la réparation civile » (1),
M. Faustin-Adolphe Hélie a soutenu cette théorie et
voici le point de départ des arguments qu'il fournit
pour la justifier.

« Il est un principe qui ne nous paraît pas contes-
table, car il s'appuie sur une des plus longues pratiques
que nous ayons vues dans la jurisprudence. C'est que
parmi les articles d'une Constitution qui cesse d'être en
vigueur, les dispositions qui ne sont pas abrogées
expressément ou implicitement par la Constitution suivante, ces dispositions survivent et quoique perdant la
force constitutionnelle, elles conservent la force d'une
loi.

« Ainsi, l'article 75 de la Constitution de l'an VIII, après
que cette Constitution eût cessé d'être en vigueur, n'a
pas moins été appliqué d'une manière constante jusqu'à
son abrogation formelle par le décret du 19 septembre
1870. Pendant ce long espace de temps, de 1815 à 1870,
cet article 75 a servi sans contradiction de règle supé-
rieure en tout ce qui concerne les poursuites des particuliers contre les agents du gouvernement.

« Personne ne peut donc douter, après cet exemple si
éclatant, que les dispositions d'une Constitution déchue,
si leur abrogation ne résulte ni expressément ni implicitement de la Constitution nouvelle, ne se maintiennent
sous celle-ci, avec la même force que toute autre loi
qui serait votée en dehors de cette ancienne Constitution. »

(1) *France judiciaire 1881-82*, I, p. 423.

Le principe ainsi posé et appuyé sur un exemple,
M. F.-A. Hélie en fait immédiatement une application
à notre question.

La responsabilité des ministres, dit-il, est contenue
et réglementée par la Constitution du 4 novembre 1848
dans son article 98 dont il rappelle les termes : « Dans
tous les cas de responsabilité des ministres, l'Assemblée
nationale peut, selon les circonstances, renvoyer le
ministre inculpé soit devant la Haute-Cour, soit devant
les tribunaux ordinaires pour les réparations civiles. »

Ainsi, en matière de dol civil, la Constitution de
1848 donne à l'Assemblée nationale la faculté, pour
obtenir des dommages et intérêts, d'envoyer à son
choix les ministres soit devant la Haute-Cour, soit devant la juridiction civile (1). La question est bien précise et tranchée d'une manière absolue, le pouvoir législatif manifeste son intention, arrête sa préférence entre
les deux tribunaux qui lui sont offerts et le représentant
de l'État, le ministre des finances, n'a qu'à se conformer
au vote de l'Assemblée pour obtenir pratiquement,
réellement la réparation du préjudice.

Examinons maintenant, dit M. F.-A. Hélie, si les
Constitutions qui suivirent ont porté atteinte au principe posé par cet article 98. La Constitution de 1852
maintient la juridiction de la Haute-Cour et la compétence de celle-ci fut réglée par le Sénatus-Consulte du
10 juillet 1858. En ce qui nous concerne, l'étendue de
ses pouvoirs fut restreinte, en ce sens qu'elle ne pouvait
plus connaître que des crimes et des délits des ministres : elle n'est plus désormais compétente pour statuer

_____

(1) Cette interprétation est discutée, mais pour notre part
nous l'avons admise. Voir *supra* p. 91.

sur les réparations civiles qui peuvent être réclamées par l'État à ses ordonnateurs.

Quel sera l'effet de ce Sénatus-Consulte sur les prescriptions de l'article 98 ?

Tout simplement de détruire l'alternative qu'avait le pouvoir accusateur, l'Empereur, dans la nouvelle Constitution, de choisir entre les deux juridictions ; pour le règlement des dommages et intérêts il devra nécessairement s'adresser dorénavant aux tribunaux civils ; « qui de deux droits en perd un, dit M. F.-A. Hélie, garde l'autre ».

Il nous reste, dit-il, a examiner si la Constitution de 1875 a établi des changements dans cette question de compétence ; l'article 12 de la Constitution du 16 juillet donne au Sénat les mêmes droits que la Constitution antérieure donnait à la Haute-Cour : la connaissance du dol civil des Ministres lui est refusée comme après le Sénatus-Consulte de 1858, par conséquent nous sommes amenés à formuler les mêmes conclusions que précédemment et à dire que les tribunaux civils sont exclusivement compétents en cette matière, en vertu de l'article 98 de la Constitution du 4 novembre 1848, texte qu'aucune disposition législative postérieure n'a abrogé.

Les deux constitutions de 1852 et de 1875 ont procédé par élimination en ce qui concerne la désignation des juridictions compétentes : c'est une façon non équivoque de manifester leur volonté de ne laisser subsister que la juridiction civile ordinaire.

Ainsi donc aujourd'hui, c'est à la Chambre des députés qu'appartient le droit d'ordonner des poursuites contre le ministre coupable ou négligent, et c'est aux tribunaux de première instance qu'il appartient de statuer sur la demande en réparation civile dirigée par le ministre des finances au nom de l'État.

Telle est résumée à grands traits la théorie de M. F.-A. Hélie.

Mais son article ne se borne pas à cette exposition, et, dans une autre partie de son étude, prévoyant l'objection qu'on lui fera que son système va à l'encontre du principe de la séparation des pouvoirs, l'auteur y répond d'avance en disant que dans la Constitution de 1848, l'intention du législateur n'était pas d'abandonner ce principe dont il proclamait la nécessité et qu'il consacrait pratiquement en créant le Tribunal des conflits. Seulement, il estimait que ce n'était pas compromettre l'indépendance des autres pouvoirs, ce n'était pas empiéter sur leurs attributions que de laisser aux tribunaux civils le soin de statuer sur les dommages que la faute ou l'incapacité d'un ministre auraient causés à l'État. D'ailleurs, ajoute-t-il, ceux qui nous objectent que nous violons le principe de la séparation des pouvoirs, admettent bien à leur tour que, l'article 12 de la Constitution du 16 juillet 1875 ne laissant à la connaissance de la Haute-Cour que les crimes des ministres, les tribunaux ordinaires devront être compétents pour juger les délits de ces mêmes ministres. Eh bien ! n'est-ce pas là une violation flagrante du principe qu'ils invoquent pompeusement ?

Et il termine en déclarant que si l'on n'adopte pas la solution qu'il propose, la responsabilité civile dont toutes les Chartes et toutes les Constitutions, — y compris la Constitution du 25 février 1875, article 6, — ont proclamé l'impérieuse nécessité, ne serait qu'un vain mot, car il n'y aurait plus de juge pour mettre en pratique cette responsabilité, pour obtenir une réparation réelle du préjudice causé à l'État; ce serait paralyser en fait le contrôle du pouvoir législatif et laisser au ministre la faculté de méconnaître les volonté de la Nation.

Avant d'entrer dans la discussion du fond même de la théorie de M. F.-A. Hélie, il ne nous paraît pas inutile de faire remarquer que cet article 98 de la Constitution du 4 novembre auquel il donne une importance telle qu'il veut en consacrer l'application de nos jours, malgré les modifications que lui fit subir la Constitution de 1852, d'une part, malgré le vague et l'imprécision du texte de l'article 6 qui, dans la Constitution du 25 février 1875 règle la matière, d'autre part, il nous paraît utile de faire remarquer, disons-nous, que cet article 98, qui sert de base à tout son système, ne paraissait pas avoir sous la deuxième République, deux années à peine après sa confection, un prestige aussi incontestable, puisque le 15 mai 1850, à propos de la loi de finances, la majorité du Parlement sentit la nécessité d'affirmer à nouveau la réalité de la responsabilité civile des ministres et du contrôle législatif de l'exécution du budget (1). Cette loi, nous l'avons démontré dans le chapitre précédent, ne donna d'ailleurs pas de résultat pratique.

Cette observation préliminaire doit singulièrement diminuer la valeur de toute la théorie de M. Faustin-Adolphe Hélie. Voici, en outre, comment M. Esmein (2) réfute l'argument principal tiré de la Constitution de 1848 :

(1) Voir *supra*, p. 93.
(2) Esmein : *Éléments de droit constitutionnel,* pp. 632 et suivantes.

« L'article 98 doit-il subsister comme loi ordinaire?

« La Constitution du 14 janvier 1852 (article 13) et
le Senatus-Consulte du 8 septembre 1869 (article 2)
ayant transporté au Sénat seul le droit de mettre les
ministres en accusation, tous les textes antérieurs qui
donnaient pouvoir à cet égard au Corps législatif étaient
abrogés nécessairement. On ne peut soutenir que des
textes aient survécu gardant leur force légale aux
régimes qui les ont vus naître. »

Nous partageons absolument cette manière de voir et
nous estimons que la Constitution de 1875 ayant réglé
d'une façon générale la responsabilité des ministres,
sans songer à abroger formellement les prescriptions
antérieures sur cette matière, c'est détourner singuliè-
ment les lois constitutionnelles de leur esprit que de
vouloir introduire dans la législation actuelle, subrep-
ticement, comme à la faveur d'un oubli et uniquement
pour les besoins de la cause, un texte qui paraissait
tombé en désuétude peu de temps après sa promul-
gation.

M. Faustin-Adolphe Hélie a prévu qu'on invoquerait
contre lui l'argument tiré du principe de la séparation
des pouvoirs. Il nous paraît utile d'insister sur cette
idée. Ce sont les législateurs de la Révolution qui, les
premiers, ont posé ce principe (1) : l'article 13 de la loi
du 16-24 août 1790, titre 3, déclarait que « les fonctions
judiciaires sont distinctes et demeurent toujours sépa-
rées des fonctions administratives ; les juges ne pourront, à peine de forfaiture, troubler de quelque manière
que ce soit les opérations des corps administratifs, ni

(1) Voir Hauriou : *Précis de droit administratif*, 3ᵉ édition,
pp. 29 et suivantes.

citer devant eux les administrateurs pour raison de leurs fonctions ».

Et la loi du 16 fructidor, an III, ajoutait : « Défenses itératives sont faites aux tribunaux de connaître des actes d'administration, de quelque espèce qu'ils soient, aux peines de droit. »

Ces textes sont formels. Citons pourtant, pour être complet, la théorie développée par M. Letelier dans la *Revue du Droit public,* T. 6, année 1896, page 494. « La théorie de l'Indépendance des pouvoirs ne lie personne ; c'est une doctrine purement scolastique que les uns admettent et que les autres repoussent ; c'est même une théorie qui ne s'accorde pas avec la réalité, surtout sous un régime républicain.

Dans tout État les institutions se pénètrent réciproquement et se subordonnent les unes aux autres. Si chaque pouvoir est souverain dans l'exercice de sa propre autorité, il dépend des autres pouvoirs en tant que ceux-ci exercent légalement quelque autorité non déléguée. Il est vrai que le gouvernement est une institution souveraine ; mais elle est souveraine notamment en matière de politique. En matière législative, l'autorité la plus élevée c'est le Congrès (1) ; en matière judiciaire c'est la Cour souveraine de justice ; en matière de comptabilité, c'est la Cour des Comptes. »

Malgré ce que cette doctrine paraît avoir de séduisant, nous estimons qu'il faut s'en tenir aux vieux textes que nous a légués la Révolution Française : c'est là qu'est la saine application des vrais principes de droit public. C'est avec raison qu'ils disposent que le droit d'admi-

(1) Cet article est relatif à la responsabilité civile des ministres au Chili.

nistrer et le droit de rendre la justice sont délégués à des autorités distinctes dont les attributions doivent être rigoureusement fixées pour éviter tout empiètement de l'une sur l'autre.

L'autorité judiciaire a uniquement le droit de statuer sur les questions où l'intérêt privé seul est engagé.

C'est à l'autorité administrative qu'appartient le pouvoir de trancher les contestations élevées entre l'intérêt public et l'intérêt privé.

Pourquoi avoir imposé cette restriction à la souveraineté de l'autorité judiciaire alors qu'il paraît si naturel de lui laisser la connaissance de tous les conflits d'intérêt pouvant surgir soit entre particuliers, soit entre des particuliers et l'État, puisqu'elle a été précisément instituée pour régler les applications de la loi et *suum cuique tribuere ?*

Pourquoi avoir créé des tribunaux administratifs à côté des tribunaux ordinaires ?

L'explication en a été donnée depuis longtemps : si l'autorité judiciaire avait à connaître des conflits existant entre l'intérêt public et l'intérêt privé, elle en arriverait à s'immiscer, peu à peu, mais fatalement, dans les actes administratifs, à les apprécier, à les contrôler : or ce droit de contrôle, d'examen, ne lui a pas été délégué ; c'est le pouvoir législatif, émanation directe du souverain, qui le détient exclusivement.

Dans notre hypothèse, par exemple, si on laissait aux tribunaux civils la faculté de fixer le degré de responsabilité du ministre, on leur permettrait par là d'examiner et de juger un acte de gouvernement et dans certaines hypothèses, par exemple dans l'affaire de la

Cour des Comptes que nous citerons plus loin (1), ils auraient à déterminer jusqu'à quel point la Commission du budget qui a été chargée d'étudier la proposition du ministre doit être déclarée responsable. Il est bien évident que pour mesurer l'étendue de cette responsabilité, le tribunal civil aura à connaître cette proposition du ministre elle-même.

Il se pourrait parfois que ce tribunal eût à juger non seulement le ministre et la Commission du budget, mais encore les Chambres elles-mêmes : c'est inadmissible ; ce serait le renversement de tous les principes du gouvernement parlementaire.

D'après M. F.-A. Hélie, après le refus par les Chambres de voter le bill d'indemnité, les tribunaux ordinaires seraient donc saisis de l'affaire par le ministre des finances. Et alors deux hypothèses se présentent : ou bien les juges civils, pénétrant le fond même de la question, ont le droit d'examiner l'ensemble des faits, de peser tous les mobiles qui ont poussé le ministre à commettre l'acte incriminé, en un mot d'instruire complètement l'affaire afin d'éclairer leur religion par tous les moyens, ou bien prenant le vote des Chambres comme un fait acquis et la culpabilité du ministre comme établie, ils n'ont qu'à sanctionner par un jugement le vote du Parlement et à fixer le montant de la réparation.

Dans la première hypothèse, sans parler des inconvénients que nous avons déjà signalés et qui résulteraient nécessairement du fait de l'immixtion du pouvoir judiciaire dans le contrôle des actes gouvernementaux, il faudrait admettre aussi les conséquences qu'entraî-

(1) V. Ch. suivant.

nerait cette extension de la compétence des tribunaux civils et notamment celle-ci : les Chambres auraient déclaré que le ministre a dépassé à tort tel crédit, et à une forte majorité refuseraient de prendre au compte de l'État telle ou telle dépense ; mais l'affaire étant portée devant un tribunal ordinaire il pourrait se faire que celui-ci déclarât le ministre non coupable et déboutât l'État de sa demande en réparation. Sans parler de la grave atteinte qu'un pareil jugement porterait au prestige du pouvoir législatif, il est évident qu'on se trouverait dans une situation embarrassante au cas où, comme il est probable, les Chambres refuseraient encore le crédit, les années suivantes. Nous citons un exemple de conflit. Qui aurait le dernier mot ? Cette hypothèse se présenterait rarement sans doute, nous dira-t-on ; certainement, mais enfin elle n'est pas impossible et il était nécessaire de signaler ce nouvel inconvénient du système proposé.

Que si, au contraire, comme nous l'avons admis dans le second cas, le tribunal a les mains liées par le vote des Chambres, le jugement qu'il émettra ne sera plus alors qu'un acte d'enregistrement. Or il n'entre nullement dans les attributions de nos tribunaux de première instance de remplir un pareil office à l'égard des décisions du Parlement. Et d'ailleurs, ne serait-ce pas là exiger des juges une besogne indigne d'eux ? Pourquoi les obliger à prononcer une condamnation pécuniaire à l'encontre d'une personne dont ils n'ont pu apprécier la culpabilité ? Ils sont restés étrangers à la détermination de la faute du ministre, ils n'ont pu entendre sa défense, ils n'ont pas connu les motifs qu¡ l'ont poussé à dépasser les crédits législatifs, ils doivent également rester en dehors de la condamnation qui pésera sur lui.

Puisqu'on a jugé que le vote de la Chambre était un monument suffisamment solennel pour servir d'arrêt définitif, à quoi bon une sanction qui n'a aucune valeur puisque ceux qui la donnent n'ont en somme aucun pouvoir ?

Enfin, le dernier argument de M. F.-A. Hélie consiste à dire : prenez mon système, car si vous n'ad mettez pas la compétence des tribunaux ordinaires, vous laisserez les fautes les plus graves des ordonnateurs impunies à défaut de sanction pratique. Nous reconnaissons avec l'éminent juriste qu'il est fâcheux, en effet, pour l'État que ses mandataires ne soient pas rigoureusement tenus de leur gestion quand celle-ci a été marquée par des négligences coupables ; mais, outre que d'autres systèmes ont été proposés pour déterminer la juridiction compétente, il n'est pas possible, à défaut d'un texte formel, d'adopter la solution qu'il indique. Pour mieux assurer le respect dû aux lois, les Romains, au lieu de remplacer leurs vieux textes par des dispositions plus conformes au progrès des mœurs, donnèrent au préteur le droit de les accommoder aux usages nouveaux ; en France, il n'en est point ainsi : quand une loi est mauvaise ou incomplète, il faut la remplacer ou la transformer (1).

(1) Certains auteurs, — voir le discours de M. Gustave Humbert, garde des sceaux, à la séance de la Chambre du 4 mai 1882, — ont préconisé la compétence des tribunaux ordinaires en partant de ce point de vue que le ministre est un mandataire et qu'il faut lui appliquer les règles civiles. Nous avons démontré (*supra*, p. 61) que la gestion du ministre revêtait un caractère spécial et que l'article 1992, notamment, ne lui était pas applicable ; nous n'y reviendrons pas.

§ 2. — *Système proposé par M. Roussel.*

Reprenant les idées exprimées à la Chambre des députés en 1829 par M. Dupin, M. Roussel, conseiller d'État, dans une très savante étude publiée récemment par la *Revue de droit public*, enseigne que le rôle du Parlement est terminé quand il a rejeté la dépense effectuée par le ministre sans crédit préalable. Ce vote a pour effet de faire de l'État un créancier, du ministre un débiteur ordinaire. Mais le rôle du Parlement ne va pas plus loin ; il n'a pas à fournir d'autre indication qui pourrait influer sur la décision que le tribunal civil aura à prendre.

Une créance existe au profit de l'État contre un ministre qui n'est plus au pouvoir, en général, au moment où elle est exigible. C'est le Ministre des finances actuel qui, représentant l'État, est juge du point de savoir si le recouvrement de la créance est chose utile. Dans l'affirmative, il actionne le ministre débiteur devant le tribunal civil. Celui-ci comparaît ou se fait représenter et les choses se passent absolument comme si le différend existait entre deux particuliers, sans que les juges aient à se préoccuper du côté politique de l'affaire.

C'est le gouvernement et non le Parlement qui prend l'initiative des poursuites et le ministre des finances se conduit absolument comme le ministère public. De même qu'aucune loi n'oblige le créancier à exiger du débiteur le paiement de sa dette, de même l'État peut relever le ministre de son obligation en s'abstenant de l'actionner.

Pour achever de justifier la compétence des tribunaux civils, M. Roussel cite l'exemple de ce qui se passe

quand l'État a un procès avec des particuliers en matière de propriété domaniale et, dit-il, « il n'y a pas de
raison juridique patente pour soustraire, dans le cas qui
nous occupe, sa propriété mobilière, ses droits mobi-
liers, aux règles de compétence et de procédure régis-
sant ses droits immobiliers. » (1)

Tel est le récent plaidoyer élevé en faveur de la compétence des tribunaux civils.

Remarquons tout d'abord, et M. Roussel a bien prévu
l'objection, que Dupin, sur l'autorité de qui il s'appuie,
quelques années après le dépôt de l'amendement en
1829 à la Chambre, abandonna ce système « malgré sa
ténacité notoire dans ses idées ». L'auteur explique ce
revirement par « l'arrière-pensée malicieuse qu'avait le
jurisconsulte des embarras où la nécessité d'inventer
une procédure spéciale jetterait les adversaires de la
juridiction de droit commun et forcerait d'y revenir ».

C'est une simple supposition, et nous avons bien le
droit, nous, de croire qu'après un examen plus attentif
de la question, Dupin avait reconnu les vices du système qu'il avait développé à la Chambre et s'était con-
verti à une autre doctrine.

Une autre objection que l'on peut soulever contre
cette théorie c'est que, laisser au ministre des finances
la faculté absolue de poursuivre le recouvrement de la
créance de l'État ou d'exonérer le débiteur, sans que le
Parlement ait le droit de manifester sa volonté, c'est
singulièrement restreindre le droit de contrôle du pouvoir législatif et le déplacer au profit du pouvoir exécutif.

Cette théorie pourrait avoir des conséquences dange-

(1) *Revue du droit public*, mai-juin 1897, p. 414 et suiv.

9

reuses ; nous avons vu, en étudiant pas à pas la discussion parlementaire de 1832 à 1836, que le gouvernement fut toujours systématiquement opposé à la réglementation effective de la responsabilité civile. Il est à craindre qu'il n'en fût de même aujourd'hui (1) : d'après nous, bien rarement, ou pour mieux dire jamais, le ministre des finances au pouvoir ne réclamera la dette contractée par son ancien collègue envers l'État. N'a-t-il pas à craindre des représailles ? Un de ses successeurs ne lui tiendra-t-il pas compte de sa rigueur si, en épluchant les détails de sa gestion, on arrive à découvrir quelque négligence?

Quand un ministre perd son portefeuille à la suite d'un blâme du Parlement, il laisse à celui qui le remplace le soin d'assurer le sort de ses secrétaires, des attachés de son cabinet : c'est sa succession. Si l'on adoptait le système de M. Roussel, est-ce que cette succession ne comprendrait pas aussi les dettes que le ministre déchu pourrait avoir contractées pendant sa gestion? Ce serait d'ailleurs à titre de revanche ; une tradition s'établirait, on se rendrait de mutuels services.

Faire contrôler l'administration du pouvoir exécutif par ce pouvoir lui-même, cela est contraire aux principes tant de fois affirmés par nos lois budgétaires : le pouvoir législatif n'a pas le droit de se désintéresser ainsi de la surveillance des fonds publics, et quoi qu'en dise M. Roussel, quand il a rejeté le crédit illégalement dépensé par le ministre, son rôle n'est pas terminé : il faut qu'il s'assure que le Trésor ne sera pas lésé en définitive et que le dommage sera réparé.

(1) Cependant, nous verrons (*infra* ch. vi) que le gouvernement a accepté la dernière proposition.

§ 3. — *Système proposé par M. Hauriou* (1).

« L'État agissant comme personne civile traduirait le ministre devant le tribunal civil, le préfet élèverait le conflit au nom de la puissance publique, le Tribunal des conflits examinerait la question de savoir s'il y a eu fait personnel du ministre, et, dans le cas de l'affirmative, l'acte administratif disparaissant, le tribunal civil serait compétent pour condamner. »

Le ministre serait poursuivi comme un fonctionnaire. Ce système séduisant par sa simplicité nous paraît inapplicable dans notre matière de la responsabilité civile du ministre, encourue en cas de dépassement de crédit.

Nous avons, en étudiant la nature du mandat du ministre, distingué dans ses attributions les actes qu'il fait en qualité d'agent d'exécution de ceux qu'il ordonne en vertu du mandat public qui lui est conféré (2).

On pourrait d'abord affirmer que le décret du 19 septembre 1870, abrogeant l'article 75 de la Constitution de l'an VIII, ainsi que toutes autres dispositions des lois générales ou spéciales, ayant pour objet d'entraver les poursuites dirigées contre les fonctionnaires publics de tout ordre, n'a rien changé à la situation des ministres : en effet, ceux-ci *ne sont pas des fonctionnaires,* « leur fonction n'est pas organisée d'une façon assez permanente pour constituer une carrière ».

Mais, laissant de côté les actes de gestion, peut-on soutenir que *l'ordonnancement d'une dépense, acte*

(1) Hauriou : op. cit., p. 411 ; voir p. 173 ce qui a trait aux poursuites dirigées contre les fonctionnaires.

(2) Voir *supra,* p. 59.

éminemment administratif, que le ministre accomplit en qualité de mandataire public, puisse jamais être retenu par les tribunaux ordinaires, sinon en violation flagrante du principe de la séparation des pouvoirs que le décret de 1870 n'a certes pas voulu atteindre ?

Que le ministre ait été de mauvaise foi, ou qu'il ait été victime d'une erreur excusable, en dépassant les crédits votés au budget, peu importe, on ne peut en aucun cas dire que l'acte qu'il a accompli renferme un *fait personnel*, et les tribunaux ordinaires ne pourront jamais prendre en mains l'examen de l'affaire.

Enfin, s'il était nécessaire de fournir un dernier argument en faveur de l'opinion que nous soutenons, nous citerions l'article 18 de la loi du 16 septembre 1807, relative à l'organisation de la Cour des Comptes ; cet article est ainsi conçu : « La Cour ne pourra en aucun cas s'attribuer de juridiction sur les ordonnateurs. » Or, la Cour des Comptes est un tribunal administratif ; en outre, en matière financière, ses attributions sont très étendues : ne serait-il pas contraire à la logique d'accorder en matière d'ordonnancement aux tribunaux civils une compétence que la loi refuse à ceux qui sont chargés du contrôle de la comptabilité ?

On pourra nous objecter qu'il n'est pas impossible de découvrir dans le dépassement de crédits du Ministre « un acte personnel, une faute lourde » ; pour ne citer qu'un exemple, mais un exemple topique, on rappellera le cas de M. de Peyronnet qui, sans crédits préalables, en l'absence des Chambres, fit faire à la salle à manger du ministère des réparations exagérées ; il n'y a pas dans ce fait le moindre caractère de l'acte administratif ; c'est l'acte illégal d'un simple particulier, l'État a subi un préjudice, le ministre qui l'a causé doit le réparer et c'est aux tribunaux civils à fixer l'indemnité. Au premier abord notre bon sens est frappé par cette argumentation ; mais à l'examen la question apparaît plus complexe ; l'intervention du ministre ne s'est pas seulement manifestée au moment de l'engagement de la dépense, — en l'espèce, lorsqu'il a fait la commande au tapissier ; — c'est le ministre, *lui seul*, qui a le droit de *liquider* la dette de l'État (article 62 du décret du 31 mai 1862), c'est lui qui l'a *ordonnancée*, c'est-à-dire qui l'a rendue exigible (1).

La liquidation et l'ordonnancement sont des actes administratifs, personne ne l'a jamais contesté ; or, pour évaluer le montant de la réparation due à l'État, les tribunaux civils devraient nécessairement tenir compte de ces actes et notamment de la liquidation puisqu'elle fixe le *quantum* de la créance ; ce serait contraire au principe de la séparation des pouvoirs ; le corps judiciaire n'a pas le droit de se livrer à cet examen de la gestion du ministre (2).

§ 4. — *Législation étrangère.*

En **Prusse**, la Commission du budget de 1867, s'occupant des comptes généraux des exercices 1859-60 et suivants, constata que des dépenses avaient été effectuées au ministère des affaires étrangères sans qu'aucun crédit correspondant eût été voté : en conséquence, elle

(1) « Le créancier ne peut se faire payer sans que la dette n'ait été au préalable ordonnancée. » Décret de 1862, art. 82.

(2) Voir en outre ce que nous avons dit *supra*, même chapitre, même section, § 1, en réfutant l'argumentation de M. F.-A. Hélie.

émit l'avis que les ordonnateurs devaient être déférés aux tribunaux ordinaires ; mais la majorité de la Chambre repoussa cette proposition.

En **Roumanie,** l'article 4 de la loi du 2 mai 1879 (1) est formel et donne aux tribunaux civils compétence pour juger les ministres, au cas où le pouvoir législatif aura au préalable donné son autorisation. Article 4 : « Le ministre qui de mauvaise foi, etc..., sera civilement responsable envers l'État et sera jugé conformément au droit commun, sauf l'autorisation du corps législatif. »

En **Angleterre,** quoique la Constitution ne vise pas la responsabilité civile, il est admis que les ordonnateurs devraient répondre devant les tribunaux ordinaires des dommages causés au Trésor. La question ne s'est jamais posée ; mais s'il y avait lieu, les juges anglais n'hésiteraient pas à condamner le ministre. A ce sujet, M. Arnauné, dans son étude sur le budget anglais (2), est très catégorique : « La responsabilité des ordonnateurs est au surplus très effective : elle a pour sanction, dans le cas où un paiement serait désapprouvé par la Trésorerie, des poursuites à fins de dommages et intérêts dans les termes du droit commun. La responsabilité ne pèse pas d'habitude sur le ministre parlementaire, mais sur le nom des fonctionnaires permanents du service désigné par la Trésorerie pour remplir les fonctions d'officier responsable (*accounting officer*).

« Cette espèce de gérant responsable est tantôt le chef permanent du ministère qui a, en effet, le service des

(1) Voir *supra*, p. 112.
(2) *Économiste français* du 23 mai 1885.

ordonnancements, tantôt un autre agent dont le contre-
seing est alors nécessaire sur l'ordonnance. Pour couvrir sa responsabilité, cet agent a le droit de faire avant
de signer, des représentations écrites à l'ordonnateur,
et, le cas échéant, au chef de service. »

Aux **États-Unis de l'Amérique du Nord,** comme
en France, le Sénat juge le ministre coupable de crime
politique. La responsabilité civile pourrait rarement se
poser, car le pouvoir effectif appartient au Président et
les secrétaires d'État ne sont que des fonctionnaires
supérieurs : mais s'il y avait lieu, la Chambre des représentants accuserait les ministres, le Sénat les juge-
rait et prononcerait contre eux une peine purement
politique, destitution, incapacité d'occuper à l'avenir
une fonction du gouvernement. Si l'acte incriminé avait
commis un dommage à l'État, le Sénat les déférerait
ensuite aux tribunaux ordinaires qui leur feraient l'application des lois civiles.

« Les sénateurs habitués à envisager l'ensemble des
grandes relations politiques sont par cela même les plus
aptes à prononcer sur des accusations qui touchent aux
transactions avec le dehors et aux intérêts politiques de
l'intérieur. C'était aussi un acte de sagesse, de saine
politique et même de justice de séparer de ces sortes de
procès ce qui était politique de ce qui était purement
civil ; de renvoyer l'un au pouvoir politique du gouvernement, l'autre au pouvoir judiciaire ordinaire ; de
confier au Sénat le jugement et la condamnation politiques et au jury le jugement et la condamnation
civils (1). »

(1) Story. — *Commentaires sur la Constitution des États-Unis*, pp. 319 et 326.

« C'est une distinction admirable entre la justice politique et la justice criminelle ; elle fait le plus grand
honneur aux auteurs de la Constitution américaine.» (1)

« Tout fonctionnaire qui, sciemment, pour la construction, la réparation ou le mobilier d'un bâtiment
public ou toute autre amélioration publique, passe un
contrat dépassant les crédits votés pour cet objet, est
puni par la loi d'un emprisonnement d'au moins six mois
et au plus deux ans et du paiement d'une amende de
2.000 dollars. » (2).

SECTION II

FAUT-IL ADMETTRE LA COMPÉTENCE DE LA COUR
DES COMPTES ?

On a dit pour soutenir l'affirmative que c'est de cette
Cour que relevaient les contestations relatives aux actes
d'administration. Elle est depuis fort longtemps (3)
l'auxiliaire du pouvoir législatif en signalant dans un
rapport annuel qui est distribué aux Chambres les infractions, irrégularités et exagérations de dépenses
qu'elle a relevées à la charge des ordonnateurs tout en
examinant les pièces des comptables. C'est elle, par
conséquent, qui est le mieux placée pour bien connaître
la gestion du ministre. La nature de ses travaux quoti-
diens lui donne une compétence évidente en cette matière, et il n'est pas possible de trouver un autre tribunal

(1) Laboulaye. — *Histoire des États-Unis*, T. III, p. 466.
(2) *Revised Statutes*, § 5503. — *Elmes United states exe-
cutive Departements*.
(3) Depuis la Restauration.

capable comme elle d'apprécier en parfaite connaissance de cause la faute imputée au ministre.

M. Letelier, dans sa chronique politique sur le Chili (1), prétend qu'en matière de comptabilité « l'autorité la plus élevée est la Cour des Comptes ». Et il ajoute : « Quoi d'étonnant à ce que les ministres relèvent de la juridiction de cette Cour pour tout ce qui touche aux ordres de paiement, lorsqu'ils relèvent d'un simple officier de police pour tout ce qui touche à l'ordre de la rue? Dire que la compétence du Tribunal ou Cour des Comptes est incompatible avec l'indépendance du gouvernement, équivaut à méconnaître le caractère organique de l'État. »

Nous reconnaissons parfaitement que la Cour des Comptes serait la juridiction la mieux placée pour apprécier les cas spéciaux de responsabilité prévus par les lois de 1817 et 1850, mais cette raison n'est pas suffisante pour nous faire admettre dans l'état actuel de la législation, la compétence de ce tribunal administratif. Un fait incontestable et qui détruit entièrement le système précédent, c'est que la Cour des Comptes ne juge que les comptables et jamais les ordonnateurs. A l'égard de ceux-ci la Cour ne peut jamais procéder que par voie de déclarations, et s'il semble qu'elle est mêlée au contrôle financier, c'est uniquement pour présenter aux Chambres des observations dont celles-ci tiennent le compte qu'il leur plaît. Ces observations sont très nombreuses (2) et en général pleines de justesse, mais on ne saurait en conclure que cette attribution spéciale va

(1) *Revue du droit public*, T. 6, p. 494.
(2) L'année 1886 elle en fit 400.

jusqu'à donner au Tribunal administratif juridiction sur les ordonnateurs.

Il faudrait pour cela qu'une loi élargît ses pouvoirs, comme cela s'est fait en Italie, par exemple.

Dans l'état actuel des choses, étant donné le mode de nomination des magistrats qui la composent, peut-on affirmer qu'ils auraient l'indépendance suffisante pour atteindre dans leur fortune des hommes politiques, la plupart du temps très influents, qui peuvent revenir au pouvoir d'un moment à l'autre ?

Dans d'autres pays, au Chili, par exemple, où leur recrutement s'effectue dans le monde parlementaire, serait-on assuré de leur impartialité ? Ce qui permet le plus d'en douter, c'est la fin de l'article de M. Letelier, de celui-là même dont nous avons exposé la doctrine et qui est un des plus notables partisans de la compétence de la Cour des Comptes. « La question, dit-il, est en suspens devant le Conseil d'État en vertu d'une exception d'incompétence invoquée par le ministre de la marine. Mais, dès maintenant, on peut annoncer que le Conseil d'État se prononcera en faveur de ce dernier en déclarant la Cour incompétente ; car les juges qui font partie de ce corps sont des hommes politiques qui demain peuvent être mis à la tête d'un ministère. Et, avec une telle perspective, ils ne voudront pas se lier les mains pour l'avenir. »

Quand les auteurs d'un système signalent eux-mêmes de pareils inconvénients, il reste peu à faire à leurs adversaires pour démontrer qu'il est impraticable.

Législation étrangère.

Chili (1). — La Constitution chilienne qui pose formellement le principe de la responsabilité ministérielle (2), ne détermine pas la juridiction compétente. La question se présente pratiquement en 1892 : un trésorier avait, sur l'ordre du ministre de l'instruction publique, payé trois traitements en entier à un professeur chargé de trois cours différents, ce qui était contraire à la loi. Un conseiller à la Cour des Comptes formula des observations et le Tribunal décida de poursuivre l'ordonnateur, responsable du paiement illégal. Le ministre étant mort sur ces entrefaites, l'affaire fut classée. Mais, à partir de ce jour, les membres du Tribunal se mirent à vérifier les comptes des ordonnateurs et « actuellement la Cour a à examiner sept ou huit affaires de comptes dans lesquelles est engagée la responsabilité d'un nombre égal d'anciens ministres ». Ceux-ci n'acceptent pas la compétence de la Cour des Comptes. Ils citent comme argument essentiel, qu'à l'exemple de ce qui a lieu en France, cette dernière a seulement le pouvoir de juger les comptables et non les ordonnateurs. Décider le contraire serait détruire l'indépendance du gouvernement. La Cour, il est vrai, peut faire des observations aux décrets du gouvernement, mais celui-ci peut passer outre, et c'est seulement devant le Sénat qu'il doit en rendre compte.

Les partisans de la doctrine de la compétence de la Cour des Comptes répondent que l'argument d'ana-

(1) Voir Letelier, op. cit., p. 492.
(2) Voir *supra*, p. 111.

logie tiré de l'exemple de la France est sans force,
puisque l'organisation, l'étendue des pouvoirs de ce
tribunal administratif ne sont pas les mêmes dans les
deux pays. Au Chili, les ordonnateurs aussi bien que
les comptables sont soumis à la juridiction de la Cour.
N'en est-il pas ainsi en Italie ? Comme au Chili, la Cour
des Comptes doit au préalable enregistrer tout ordre de
paiement avant son exécution. Si elle le juge illégal,
elle en fait l'observation à l'ordonnateur et si celui-ci
passe outre, elle en prend acte et la question est soumise
au Congrès. La responsabilité du ministre n'est éteinte
que par le bill d'indemnité. Si celui-ci n'est pas accordé,
comme aucune loi n'indique de tribunal spécial, que
le Sénat n'est juge que des actes criminels ou délic-
tueux tels que la concussion, le détournement de deniers
publics, etc., il est naturel, il est absolument conforme
à la Constitution que la Cour des Comptes, qui a pour
mission de protéger les finances de l'État, soit compétente pour juger les ministres qui par leur négligence
ou leur obstination mettent ces finances en péril.

Les deux systèmes sont en présence. Actuellement, la
question est posée devant le Conseil d'État, le ministre
de la marine ayant soulevé devant la Cour des Comptes
une exception d'incompétence.

SECTION III

JURIDICTION DU SÉNAT

A la Cour des pairs, en 1829 et en 1833, on avait
admis que la Chambre Haute qui avait le pouvoir de
statuer sur les crimes des ministres devait également

être compétente pour trancher les actions civiles dirigées contre eux au nom de l'État (1).

Cette solution a été également adoptée par Rossi (2)
et il semble bien que M. Laferrière ait pour elle une
préférence marquée quand il dit : « Reste la juridiction
du Sénat. C'est la seule, croyons-nous, qui ne soit pas
absolument incompétente pour connaître des infractions
dont il s'agit. Mais comme sa juridiction ne peut
s'exercer que sur des crimes ministériels, le Sénat ne
pourrait connaître des violations de la loi du budget
que si elles constituaient en même temps des malversations ou prévarications ayant un caractère criminel.
Dans ce cas, nous pensons que l'action civile intentée
au nom de l'État, accessoirement à l'action publique
mise en mouvement par une mise en accusation, pourrait
être accueillie par la Chambre Haute. Mais il n'en serait pas de même d'une action civile isolée exercée au
nom de l'État sans mise en accusation. » (3)

M. Laferrière, reprenant la distinction si souvent for-
mulée entre l'action civile principale et l'action en
réparation accessoire au procès criminel admet seulement qu'en ce dernier cas, le Sénat déjà saisi, pourra
examiner l'étendue du dommage causé à l'État.

(1) Remarquons toutefois que lors du procès des ministres de
Charles X, cette même assemblée refusa d'examiner les demandes que des tiers élevèrent à l'encontre des membres du
cabinet Polignac, sous prétexte que si on faisait droit à ces
requêtes, il ne manquerait pas de s'en présenter une foule d'autres qui gêneraient la marche du procès criminel ; — il est vrai
qu'il s'agissait de simples particuliers.

(2) Rossi, op. cit., p. 378.

(3) Laferrière. — *Traité de la Jurisprudence administrative*, T. I, chap. 8 : « De la compétence sur les poursuites
dirigées contre les ministres. »

Nous ne saurions partager son opinion. Le texte de la Constitution qui établit la compétence du Sénat comme juge des ministres reste absolument muet sur l'action civile, et on ne saurait sans arbitraire l'interpréter de cette façon.

Pour nous, la distinction que fait M. Laferrière n'a aucune base juridique : elle a pu être faite en 1829 et en 1833 à la Chambre des pairs, mais ce souvenir historique ne constitue pas un argument décisif, et rien dans la loi actuelle n'autorise à penser qu'on ait voulu revenir à cette conception.

D'ailleurs, ce système offrirait de graves inconvénients : il est très dangereux de donner au pouvoir législatif la faculté de s'ériger en tribunal ; malheureusement c'est une tendance qui s'accentue tous les jours et les cas se multiplient où nous voyons une commission de la Chambre des députés se transformer en Cour de justice.

Nous ne voulons pas contester l'indépendance, ni la compétence intellectuelle des membres de pareilles commissions ; mais ne pourrait-on rien dire de leur impartialité ? Ne se laisseront-ils pas entraîner par leurs passions politiques et l'équité n'en souffrira-t-elle pas ?

Nous allons, par une simple constatation de fait, prouver que cette crainte que nous venons d'exprimer n'est pas exagérée.

Dans deux récentes affaires que nous aurons à examiner — ch. suiv. — l'affaire de la Cour des Comptes où M. Caillaux était impliqué, et l'affaire de la marine, dans laquelle un ministre républicain (1) était coupable de négligence, si nous recherchons dans les comptes

---

(1) Amiral Aube, ministre de la marine.

rendus des votes soit à la Chambre des députés, soit au
Sénat, nous constatons que dans le premier cas la
droite entière était d'avis, sauf quelques rares excep-
tions, de « passer l'éponge » sur l'acte du ministre, tandis que le centre et la gauche exigeaient des poursuites
ou au moins un blâme sévère. Dans le second cas, à
une année d'intervalle, le revirement est complet : c'est
la droite qui, par l'organe de M. d'Aillières, demande
qu'on intente une action, qu'on applique la loi, et c'est
la gauche qui se montre pleine d'indulgence, c'est un
ministre républicain qui prie la Chambre de ne pas trop
regarder en arrière et de voter les crédits. Et devant de
pareils faits, combien semble juste la belle pensée de
M. Guizot :

« Dès que la politique pénètre dans l'enceinte des tribunaux, peu importent la main et l'intention qui lui en
ont fait franchir le seuil, il faut que la justice s'enfuie.
Entre la politique et la justice, toute intelligence est
corruptrice, tout contact est pestilentiel. » (1).

Pour ces diverses raisons il nous semble que le Parlement ne devrait pas trancher définitivement la question de la réparation due à l'État. En outre, l'affaire,
dans certaines hypothèses, pourra comporter des difficultés juridiques, de fond ou de procédure qui pourront
embarrasser ces juges d'occasion que leurs occupations
journalières tiennent à l'écart de ces questions ardues.

Pour ce qui est de la juridiction du Sénat, en particulier, nous croyons qu'on peut dans notre espèce lui
adresser une critique de plus : en effet, il est certain,
qu'à tort ou à raison, le législateur de 1875 a paru accorder une préférence marquée à la Chambre des dé-

(1) *Moniteur* de 1846, p. 1411.

putés sur le Sénat en matière financière ; ne serait-ce
pas aller à l'encontre de l'esprit de la Constitution que
de donner à la Chambre Haute, sans qu'on puisse vala-
blement citer aucun texte l'autorisant, un droit de contrôle supérieur et définitif sur la gestion de la fortune
publique. D'ailleurs, quoique se laissant entraîner
moins facilement que les députés par leur enthousiasme,
les sénateurs sont eux aussi des hommes de parti ; ils ne
seront pas toujours impartiaux.

« Le Sénat n'offre pas de garanties sérieuses pour un
jugement impartial ; suivant les circonstances, le ministre accusé rencontrera dans ce corps des adversaires
acharnés décidés d'avance à condamner ses actes ou
une majorité prête à sympathiser avec lui, à lui pardonner tous ses écarts, en les considérant même comme
des vertus politiques. » (1).

D'autres auteurs partisans de la juridiction du
pouvoir législatif ont fait le raisonnement suivant : le
ministre est le mandataire des Chambres ; s'il dépasse
ce mandat, celles-ci, lors de la vérification de sa gestion,
ne peuvent-elles pas, en parfaite connaissance de cause,
apprécier le préjudice causé et fixer le montant de la
réparation ? C'est ce que fait la Cour des Comptes quand
elle met les comptables en debet ; le Trésor est ensuite
chargé d'assurer l'exécution de ses arrêts.

Pourquoi les Chambres ne procéderaient-elles pas de
la même façon ?

La réponse est bien simple :

La Cour des Comptes a le droit d'agir comme elle le
fait, parce que la loi du 16 septembre 1806 lui a con-

(1) De Kerchowe. — *De la Responsabilité des ministres
dans le droit public belge* (p. 155).

féré certaines attributions judiciaires. Dans une matière
aussi délicate, on ne saurait procéder par analogie, en
l'absence de textes, et augmenter arbitrairement le nombre des cas — trop fréquents — où l'on a fait du législateur un juge. Les Chambres ont le droit de rejeter le
dépassement de crédit lors de la discussion de la loi des
comptes. Mais après ce rejet, la responsabilité des ministres n'est pas définitive : elle est en quelque sorte à
l'état latent, elle peut ne pas se réaliser ; le vote hostile
des Chambres ne saurait avoir pour effet de mettre par
lui-même la dépense à la charge du ministre contrevenant ; c'est un blâme qui selon nous devrait néces-
siter la retraite du ministre s'il était encore au pouvoir.
Ce qu'il faut pour réaliser pratiquement la responsabilité civile, c'est la mise en mouvement d'une action,
à l'aide d'une procédure déterminée, c'est la compa-
rution du ministre coupable et du représentant de
l'État devant un tribunal, quel qu'il soit, — il reste à
l'indiquer dans une loi — et là, après que les débats
auront suffisamment mis en lumière la faute et l'étendue
du préjudice, le juge pourra fixer le montant des dommages et intérêts ou de la restitution.

Constitutions étrangères.

Dans aucun pays, à proprement parler, la juridiction
de la Chambre Haute n'a été admise pour statuer sur la
responsabilité civile des ministres. Signalons cependant
qu'en Autriche, la loi du 25 juillet 1867 (1) *permet* à la
Haute Cour, statuant sur le crime du ministre, de retenir l'action civile tendant à la réparation du préjudice
causé à l'État.

(1) Voir *supra*, p. 107, le texte de l'article 6 de la loi de 1867.

La Haute Cour se compose de vingt-quatre membres nommés pour six ans et choisis en nombre égal par chacune des Chambres du Reichsrath. On peut soutenir qu'ils sont les délégués du pouvoir législatif, et c'est seulement à ce titre que nous citons à cette place ce détail de la Constitution autrichienne.

La loi dit que ces membres de la Haute Cour seront des citoyens indépendants, connaissant la loi et appartenant aux royaumes et pays représentés au Reichsrath,

La principale fonction de ce tribunal est de statuer sur les crimes des ministres mis en accusation sur la demande de l'une ou l'autre Chambre.

En cas d'acquittement, la question est définitivement tranchée, l'action en indemnité étant emportée avec l'action principale. Si, au contraire, le ministre est reconnu coupable, la Haute Cour peut, ou bien fixer elle-même le montant des dommages et intérêts, ou renvoyer le règlement de cette question devant un tribunal ordinaire qui, mieux renseigné ou plus compétent, déterminera la somme due par le ministre à l'État.

En Angleterre, quoique la Constitution n'ait pas organisé la responsabilité civile, le ministre pourrait être appelé devant la Chambre Haute à qui la tradition confère cette attribution : d'abord le Parlement, par un *bill d'attainder*, peut frapper le ministre dans ses biens ; il est ensuite envoyé devant la Chambre des Lords par un bill *d'empeachment.* Celle-ci, qui a les pouvoirs les plus étendus, qui peut prononcer la peine de mort, pourrait facilement obliger le ministre à dédommager le Trésor.

Mais il est certain qu'en pratique les Anglais useraient rarement de ce moyen, et si le cas se présentait ils aimeraient mieux envoyer le ministre devant les tribunaux ordinaires qui ont également compétence pour statuer sur l'indemnité due à l'État.

SECTION IV

COMPÉTENCE DU CONSEIL D'ÉTAT

Nous n'hésitons pas à écarter cette juridiction et cela pour deux raisons : d'abord, l'action par laquelle l'État pourra exiger du ministre la réparation du préjudice causé est civile ; qu'on l'appelle action en dommages-intérêts, en restitution ou en indemnité (1) et il n'entre nullement dans les attributions du Conseil d'État d'en connaître.

En outre, « le Conseil d'État ne pourrait être saisi qu'indirectement, si au préalable on décernait contre le ministre une contrainte administrative consécutive à un arrêté de debet, mais l'arrêté de debet et la contrainte ne peuvent non plus viser que des comptables et non des ordonnateurs ». (2)

— Nous avons passé en revue toutes les juridictions qui ont été proposées pour statuer sur l'action civile de l'État contre le ministre, et tout finit par le doute, comme dit J.-X. de Maistre. Dans le prochain chapitre, nous démontrerons par des faits qu'en pratique aucune sanction n'a pu être établie contre l'ordonnateur responsable, faute de tribunal compétent.

(1) Voir à ce sujet le *Moniteur* du 19 mai 1829.
(2) Hauriou, op. cit., 3ᵉ édition, p. 410.

CHAPITRE V

Affaire Peyronnet.

En 1829, l'allocation d'une somme de 179.865 francs fut demandée par M. le garde des sceaux pour les frais de construction, de réparation et le prix de diverses fournitures faites à l'hôtel de la chancellerie situé place Vendôme. Il fut remis à l'appui de cette demande à la commission de la Chambre des députés, un rapport adressé au garde des sceaux le 28 juin 1828 par le sieur Destailleurs, architecte de la chancellerie. Celui-ci disait : « L'exécution de tous ces travaux ayant été décidée et arrêtée définitivement par M. le comte de Peyronnet, il n'a point été fait de devis. » Une décision du comte de Peyronnet, du 25 novembre 1827, portait : « Les comptes de la salle à manger et de l'ameublement du second étage doivent être mis à la charge de l'administration ; ils seront acquittés successivement avec les fonds qui lui appartiennent. »

Le successeur de M. de Peyronnet, M. le comte de Portalis, n'admit pas cette imputation : elle eut été irrégulière et les allocations fixées au budget pendant plusieurs années pour l'entretien du mobilier auraient été absorbées à l'avance.

Le 28 décembre 1828, par une ordonnance royale —

conformément à l'article 3 de l'ordonnance du 1ᵉʳ septembre 1827 — le garde des sceaux ouvrit un crédit extraordinaire, sous prétexte que les dépenses faites en 1827 ne pouvaient plus être acquittées sur les fonds de l'exercice de 1828. Or, l'article 152 de la loi de finances du 25 mars 1817 et l'article 3 de l'ordonnance royale du 1ᵉʳ septembre 1827 « n'autorisaient l'ouverture de crédits extra-budgétaires que pour les cas extraordinaires et urgents ».

Le crédit ouvert par M. de Portalis fut porté aux Chambres, à la première session — comme l'exigeait la loi — pour être régularisé.

La commission chargée de l'examen des crédits supplémentaires de 1828 se trouvait en présence d'un texte — l'article 152 de la loi de 1817 — qui, croyait-elle, proclamait la responsabilité civile des ministres, et d'autre part, cette responsabilité civile ne pouvait en pratique avoir aucune sanction, car la loi n'indiquait aucune juridiction compétente pour en connaître.

M. Le Peletier d'Aunay, au nom de la commission, soutint dans son rapport (1) que les règles du *mandat civil* étaient applicables au ministre : l'ordonnateur qui dépasse sans motifs légitimes les crédits fixés, qui abuse de la faculté que lui donne la loi de prescrire des dépenses plus fortes que celles qui sont autorisées, excède son mandat. En l'espèce, le mandat a été excédé, l'ordonnance du Roi le constate ; « comme l'obligation de ne pas faire est textuellement inscrite dans l'article 151 de la loi de finances du 25 mars 1817, l'action en

(1) Séance de la Chambre du 27 avril 1829. — *Moniteur* du 28 avril.

indemnité contre le ministre est une conséquence inévitable ».

La commission n'indiquait ni le tribunal compétent
ni la procédure à suivre pour obtenir la réparation du
dommage. Elle se bornait à proposer l'article suivant :
Il est accordé au ministre de la justice un crédit de
179.865 francs pour réparations faites à la chancellerie.
« Ce crédit est accordé sauf liquidation et à charge par
le ministère des finances d'exercer telle action en indemnité qu'il appartiendra contre le ministre qui a ordonné
la dépense sans crédit préalable. » (1)

M. Boudeau, commissaire du roi, émit une opinion
absolument contraire à l'amendement de la commission
dans la séance du 15 mai 1829. Il reconnaissait que le
ministre avait commis une illégalité et il regrettait que
de pareils exemples fussent donnés par ceux qui sont
chargés de la haute administration ; il admettait que les
Chambres pussent frapper d'un blâme sévère le ministre
ordonnateur. Mais, d'après lui, c'était tout ce qu'on pouvait faire ; l'action portée devant les tribunaux serait
inefficace ; car quelle indemnité pourrait être accordée
à l'État pour des dépenses qui ont été faites réellement
et dont la valeur existe en nature ? (2)

M. Dupin proposait de remplacer la rédaction du
dernier paragraphe par la suivante : « A la charge par
le ministre des finances d'exercer devant les tribunaux
une action en indemnité contre l'ancien ministre, etc...»
Dupin ajoutait que le texte de la commission était trop
vague ; charger le ministre des finances d'exercer

(1) Rapport de M. Le Peletier d'Aunay. — Séance du 27 avril
1829.

(2) *Moniteur* du 16 mai 1829.

« telle action qu'il appartiendra » c'est vouloir à l'avance
qu'il n'en exerce aucune, car dans l'état actuel de la
législation, en vertu du principe de la séparation des
pouvoirs, les tribunaux ordinaires se déclareraient in-
compétents ; il faut donc, par une disposition législative,
donner cette compétence au tribunal civil qui jugera
les ministres. Pour que l'action soit efficace, il faut que
le fait administratif soit jugé par la Chambre, il ne res-
tera au tribunal qu'à statuer sur un intérêt privé.

Malgré l'intervention du gouvernement, la Chambre
adopta l'article de la commission amendé par M. Dupin
qui, à cette occasion, prononça ce mot fameux : « Un
million de blâmes ne couvrent pas un sou de déficit. » (1)

La Chambre des députés, en attribuant compétence
à la justice ordinaire, apportait une dérogation au
principe de la division des pouvoirs administratifs et
judiciaires.

A l'occasion des comptes définitifs de l'exercice de
1828, quelques jours avant que la question fût portée à
la Chambre des pairs par M. Roy, ministre des finances,
M. Bérenger (2), parlant de la responsabilité encourue
par le ministre, soutint, à l'encontre de ceux qui pro-
fessaient que cette responsabilité effective était sans
avantage et même impossible, et que la responsabilité
morale était la seule qui pût atteindre un ministre, la
seule dont la nation dût se contenter, que le mot de
responsabilité n'aurait point de valeur s'il ne signifiait
l'obligation imposée à tout fonctionnaire de répondre
des actes, des fautes, des délits ou des crimes qu'il
pourrait commettre dans l'exercice de ses fonctions.

(1) *Moniteur* du 16 mai 1829.
(2) *Moniteur* du 17 mai 1829. — Séance du 16 mai.

« C'est ainsi que ce mot est défini par tous les interprètes de notre droit public. » Or, en quoi consisterait l'obligation de répondre de ses actes, disait-il, si on pouvait la remplir autrement qu'en indemnisant de sa fortune l'État ou le citoyen auquel on a causé du dommage, ou qu'en soumettant sa personne aux peines que la violation des lois a pu faire encourir ?

« Sans réparation, toute responsabilité serait illusoire. On peut concevoir une responsabilité morale pour certains actes qui sont en dehors de nos lois, pour ceux qui se bornent à porter dommage à la morale publique, sans léser immédiatement personne. Mais toutes les fois qu'il y a lésion pour l'État ou pour les citoyens, la responsabilité devient réelle et efficace ; elle donne lieu à un recours contre la personne ou les biens ; sans cela, il n'y aurait pas de réparation.

« Appliquons ces doctrines aux actes politiques : ce sera un ministre ou un ministère dont la marche incertaine n'élèvera pas la nation au rang qu'elle doit avoir à l'extérieur, ou qui négligera de féconder les germes de prospérité qu'elle peut renfermer. De tels actes sont en dehors des lois, ils ne les violent pas, mais comme ils se trouvent dans le cercle des attributions du fonctionnaire qui a pu les commettre, nul ne peut lui en demander compte. Voilà l'unique cas où il en encourt la responsabilité morale : sa seule punition, s'il en mérite une, c'est le blâme. C'est ainsi que la responsabilité morale des fonctionnaires doit être comprise ; mais que deviendrait l'État si ce genre de responsabilité pouvait être substitué à des actes plus sérieux ; si, par exemple, on appliquait la doctrine à des propositions inconstitutionnelles, ou pour me renfermer dans la discussion qui nous occupe, si on l'appliquait à l'extension des crédits législatifs, ou à des détournements de deniers, ou à des propositions financières affaiblies à dessein ? Certes, dans ce cas, les effets d'une responsabilité morale seraient d'une souveraine impuissance pour procurer à l'État la réparation du dommage qu'il aurait souffert. Un ministre dépasse son crédit sans autorisation, ou il le dépasse avec autorisation, mais sans urgence, ou il affaiblit à dessein les prévisions financières du budget, ou il viole méchamment les lois établies ! Dans ce cas, ce n'est plus seulement sa responsabilité morale qui est engagée, mais sa responsabilité réelle. Celle-ci est grave : elle affecte les biens et quelquefois la personne, c'est-à-dire qu'elle ouvre à l'État deux actions : l'une civile, l'autre pénale. »

Si la Charte ne parle que de la dernière, c'est que la première résulte du droit commun ; le ministre y est soumis pour tous ses actes comme le plus humble citoyen. — « Qu'est, en effet, un ministre ? Un mandataire d'un rang très élevé soumis par sa qualité même à toutes les règles sur le mandat, c'est-à-dire obligé de se renfermer dans la limite des pouvoirs qui lui sont donnés. J'ai prononcé le nom de mandat parce que c'est l'espèce de contrat qui lie le ministre envers le souverain comme envers la nation. Si le mandataire est resté en deçà ou s'il est allé au delà, il est soumis à une obligation d'une autre nature... S'il est allé au delà, il y a transgression de sa part, il y a abus de pouvoir et dans ce cas encore, il est tenu de dédommager celui dont, sévèrement ou par ignorance, il a compromis les intérêts. Tel est l'effet du mandat : en l'acceptant, il s'est engagé à le remplir, en l'excédant, il s'est soumis à

restituer le dommage. Telles sont les dispositions 151 et
152 de la loi du 25 mars 1817. »

Cependant, M. Bérenger était d'avis que si l'on faisait une loi sur la responsabilité civile, il ne paraissait
pas évident qu'on dût laisser aux tribunaux ordinaires
juridiction sur les ministres, car ce serait là remettre
en question le mandat du ministre, l'étendue et le motif
de la dépense, en un mot se placer au-dessus des Chambres. Il semblait bien dire que si, dans ce cas exceptionnel, il admettait une dérogation au principe de la
séparation des pouvoirs, il ne saurait admettre une
pareille théorie dans un monument législatif.

La loi sur les comptes définitifs de 1828 ayant été
portée à la Chambre des pairs, une commission fut
nommée : M. de Barante, rapporteur, exposa dans la
séance du 17 juin 1829 (1) que la commission n'approuvait
pas l'amendement de Dupin qui « permettrait aux tribunaux civils de s'immiscer dans notre administration ».

M. de Corbières, qui s'institua le défenseur de M. de
Peyronnet à la Chambre des pairs, reconnut que la
commande faite par l'ancien garde des sceaux était
l'acte d'un simple particulier ; mais il ajoutait qu'en la
circonstance l'ordonnateur n'avait causé aucun préjudice à l'État ; la dépense faite pour construire la salle à
manger était une dépense nécessaire, qu'il eût fallu
faire tôt ou tard. « Refuser le crédit extraordinaire demandé pour payer les réparations ordonnées par M. de
Peyronnet, c'était admettre que l'État a le droit de s'en-
richir aux dépens du ministre qui avait fait une dépense utile mais irrégulière. » (2)

(1) *Moniteur* du 18 juin 1829.
(2) Discours de M. Corbières, même séance.

M. de Broglie combattit la thèse de l'avocat de M. de
Peyronnet : « Parce que l'intention du ministre a été
irréprochable, s'ensuit-il qu'il soit affranchi des conséquences d'un acte qui peut se trouver entaché d'irrégularité ou d'erreur ? La Charte n'a-t-elle pas dit en
termes généraux que les ministres sont responsables ?
Or, à quoi s'étend la responsabilité de droit commun ?

« Chacun n'a-t-il de responsabilité que pour son délit?
Ne l'a-t-il pas aussi pour tout fait quelconque qui cause
un dommage à autrui? Réparer ce tort est une obligation
de droit naturel ; quand même, aucune loi positive ne
l'aurait étendue aux ministres, ils y seraient soumis par
la force même des choses. » (1)

Conformément au rapport de sa commission, la
Chambre des pairs vota le crédit en remplaçant les
termes de l'amendement Dupin par ces mots « en réser-
vant toutefois la responsabilité prévue par l'article 151
de la loi des finances du 25 mars 1817 ».

Quand la loi fut reportée devant la Chambre des députés, celle-ci repoussa définitivement le crédit. Fina-
lement, le gouvernement mit tout le monde d'accord en
payant la dépense sur les fonds secrets du ministère
des affaires étrangères ; c'est ce que révéla, le 25 mars
1889, M. Rouvier, ministre des finances, à la Chambre
des députés ; jusqu'alors, on n'avait jamais su d'une
façon certaine par quel moyen cette dette de l'État avait
été éteinte.

*Distributions faites aux troupes pendant les journées
de Juillet 1830.*

Pendant les 3 journées de Juillet 1830, M. de Montbel,

(1) Voir discours de de Broglie, *loc. cit.*, même séance.

ministre des finances, prit sur lui de faire distribuer
aux troupes de la garnison de Paris des rations supplémentaires. Il avait dépensé pour cet objet une somme
fort importante par mandats non crédités par le Parlement. (1)

En 1833, lors du règlement des comptes de l'exercice
1830, la Chambre des députés eut à s'occuper de cette
question. Deux systèmes furent soutenus : M. Rihouët
distinguait entre le crime et la faute grave. Dans le premier cas, le ministre devait être mis en accusation, dans
le deuxième, il serait puni *moralement* par le rejet de
la dépense et *matériellement* par ce fait que la dépense
serait portée parmi les avances du Trésor jusqu'à ce
que tout espoir de recouvrement fût perdu : ce serait
comme un monument de la justice du pays et comme
une grande leçon pour les ministres présents et à venir.

L'autre système soutenu par le ministre des finances
Humann, faisait de la faculté de rejet l'accessoire de la
mise en accusation.

La Chambre des députés se borna à rejeter la dépense:
cependant, sur la proposition de M. Isambert, elle vota
un article additionnel, d'après lequel l'agent judiciaire
du Trésor devait prendre toutes les mesures conserva-

(1) Voir le *Moniteur Universel* du 26 mars 1833. Cour des
pairs. Séance du 25 mars. Voici, d'ailleurs, le texte d'un de
ces mandats qui se ressemblent à peu près tous et que nous
transcrivons d'après le *Moniteur :*

« PAR ORDRE DU ROY,

« Mandat de 200.000 francs sur le Trésor et l'entretien des
« troupes, acquittable sans retard, vu l'urgence.

« 26 juillet 1830.

« *Le Ministre des finances,*

« MONTBEL. »

toires par voie de contrainte administrative contre les ministres ordonnateurs.

A la Chambre des pairs, le rapporteur, M. Roy, déclara que la seule mesure légale était la mise en accusation par la Chambre des députés et le jugement par la Cour des pairs : c'était le droit commun et on ne pouvait agir autrement sans une loi spéciale.

La Chambre Haute, favorable à cette interprétation, repoussa le crédit de 370.000 francs, — ainsi que l'article additionnel de M. Isambert (1).

Qu'est devenue cette créance de l'État ? Il n'en a plus été question au Parlement, mais on peut en trouver trace dans le compte général de l'administration des finances, la dépense ayant été inscrite à la charge de la dette flottante (2).

Fournitures faites en Espagne sous l'Empire
aux troupes de la garde du roi Joseph.

De même se trouve à la charge de la dette flottante une dépense de 270.000 francs provenant de la solde des fournitures faites en Espagne, sous l'Empire, aux troupes de la garde du roi Joseph (3). La commission de revision de l'arriéré, prétendant que c'était là une dette du gouvernement espagnol, refusa de ratifier en 1835 ce crédit supplémentaire ouvert en vertu d'une ordonnance royale par le ministre de la guerre et dont le montant avait été dépensé par un de ses prédéces-

---

(1) Séance du lundi 25 mars. Chambre des pairs. *Moniteur* du 26 mars.

(2) Audibert. — Discours de rentrée à la Cour des Comptes. *Journal Officiel* du 12 novembre 1889.

(3) Audibert. — Discours de rentrée à la Cour des Comptes, *loc. cit.*

seurs. La commission déclara qu'elle n'avait pas à rechercher quel était celui des ministres qui avait ainsi engagé sa responsabilité, et la Chambre adopta son avis.

En 1841, la Chambre rejeta une dépense de 5.000 fr. payée sur un crédit ouvert dans les formes légales par M. Thiers (1). Voici en peu de mots de quoi il s'agissait :

En 1840, M. Thiers avait accordé 5.000 francs à un publiciste chargé d'aller aux colonies étudier la question de l'esclavage et de l'émancipation des noirs. Or, à peu près à cette même époque, on apprit que le ministre avait donné une lettre de recommandation à un autre publiciste notoirement connu pour son hostilité au mouvement anti-esclavagiste.

Quand on demanda à la Chambre la ratification de ce crédit supplémentaire de 5.000 francs, des députés se levèrent qui, rappelant cette duplicité de M. Thiers (qui n'était plus au pouvoir), obtinrent le rejet de la dépense. Deux ans après il fut entendu qu'elle serait inscrite dans les découvertes du Trésor (2).

Affaire du train de luxe de don Carlos.

A la Chambre des députés, dans la séance du 25 mars 1889, après l'adoption du projet de loi portant règle-

(1) Audibert. — Discours de rentrée à la Cour des Comptes. *loc. cit.*

(2) Remarquons que le cas de M. Thiers n'entre pas absolument dans le cadre de notre étude, puisque, à vrai dire, il n'y a pas eu dépassement de crédit : il n'était, par conséquent, pas possible d'intenter contre le ministre une action civile. Nous estimons que le vote de la Chambre ne pouvait constituer qu'un blâme sévère sur la gestion de M. Thiers et l'emploi qu'il faisait des deniers publics.

ment définitif du budget de l'exercice 1876, la commission des comptes de 1876 proposa le projet de loi suivant :

« ARTICLE UNIQUE. — Le ministre des finances est invité à poursuivre par toutes les voies de droit contre le ministre responsable qui a, sans la volonté et même contre la volonté formelle de la Chambre, indûment et illégalement fait supporter au Trésor les frais du train spécial ayant transporté don Carlos et sa suite de Pau à Boulogne, le recouvrement des sommes versées aux Cies du Midi, de l'Orléans et du Nord. »

Voici de quoi il s'agissait :

Le 28 février 1876, don Carlos, battu, fut obligé de fuir l'Espagne ; il traversa la frontière et se réfugia à Paris. Les débris de son armée, 15.000 hommes environ, le suivirent et se réfugièrent sur notre territoire. Comme ces gens-là étaient sans ressources, le président du Conseil crut faire acte d'humanité en leur procurant de quoi ne pas mourir de faim (1). Le préfet des Basses-Pyrénées, M. le marquis de Nadaillac, alla au devant du duc de Madrid et le reçut en grande pompe. Il se chargea du transport du prince et de sa suite jusqu'à Montauban et de là jusqu'à Boulogne-sur-Mer.

Les dépenses faites de ce chef s'élevant à la somme de 519.000 francs furent engagées par le gouvernement sur sa propre initiative, — car les Chambres élues suivant la Constitution de 1875 n'étaient pas encore assemblées, — et il négligea de communiquer les diverses pièces de l'affaire à la commission permanente qui remplaçait l'Assemblée nationale.

(1) 0 fr. 75 par jour.

Lorsque les Chambres furent réunies, le gouvernement saisit la Commission du budget de la Chambre des députés d'une demande de crédits supplémentaires destinés à faire face à cette dépense de 519.000 francs ; celle-ci ratifia en principe le crédit engagé, mais fit des réserves expresses pour une dépense de 6.872 fr. 40 qui représentait le prix du train de luxe qui avait transporté le prétendant de Pau à Boulogne. Le gouvernement, aggravant l'irrégularité commise, sans tenir compte des réserves formulées par la Commission du budget, engloba cette somme dans le crédit de 512.000 francs, accordé par le Parlement. Des protestations surgirent de tous côtés contre ces procédés illégaux.

La Commission du budget de 1876, par l'organe de son rapporteur M. A. Proust, se montra d'une extrême sévérité (1). La Cour des Comptes déclara, dans son rapport annuel, que c'était contre le vœu et le vote formel du Parlement que cette dépense de 6.800 francs avait été créditée. Elle fit observer « que la réserve exprimée par les Chambres était impérative et devait empêcher qu'on imputât sur les crédits du chapitre 27 une dépense qui en définitive avait été rejetée par le Parlement.

« La Cour, dont la mission est d'avertir le législateur quand ses intentions n'ont pas été respectées, croit devoir signaler cette dépense comme rentrant dans la catégorie des paiements faits sans crédit. » (2)

C'est en présence de ces faits que la commission chargée de l'examen définitif du budget de 1876, pro-

(1) Voir le *Journal Officiel* du 26 mars 1889.
(2) Voir séance de la Chambre du 25 mars 1889. — *Journal Officiel* du 26 mars.

posa en 1889 le projet de résolution dont nous avons parlé.

Le ministre des finances, M. Rouvier, répondit qu'il ne s'opposait pas à la proposition de la commission. Mais il signala à la Chambre des députés les difficultés que soulevait l'injonction qui lui était adressée. Il ne croyait pas, disait-il, avoir le pouvoir légal de constituer en debet un ordonnateur qui ne s'était pas mêlé à la gestion même. « C'est la loi, c'est la jurisprudence, c'est l'opinion du Conseil d'État. Comment donc poursuivre le recouvrement de cette somme de 6.554 francs ? » (1)

Passant en revue les diverses juridictions, il démontra à la Chambre qu'aucune n'était vraiment compétente. Néanmoins, le projet de résolution présenté par la commission fut voté par 328 voix contre 33.

La loi de règlement de l'exercice de 1876 vint au Sénat ; une commission spéciale fut chargée de l'examiner : après avoir exposé toutes les phases de l'affaire du train de luxe de don Carlos, le rapport se terminait par une proposition de résolution :

« Le Sénat, constatant qu'aucune disposition légale ne permet d'exercer une action en indemnité contre les ministres ordonnateurs, appelle de nouveau l'attention du gouvernement sur l'insuffisance de la législation existante en matière de responsabilité ministérielle. »

Mais M. de Marcère qui, comme ministre de l'intérieur, avait en 1876, ordonnancé la dépense, vint démontrer que la Cour des Comptes s'était trompée et qu'il n'avait nullement violé la réserve exprimée par les Chambres. En effet, la loi de finances qui rejetait le

(1) Voir séance de la Chambre du 25 mars 1889. — *Journal Officiel* du 26 mars. — Discours de M. Rouvier.

crédit relatif au train de luxe de don Carlos, fut pro-
mulguée le 6 décembre 1876 ; or, des trois ordonnances
par lesquelles fut couverte la dépense, la première date
du 1er juin 1876 (1). Ce n'est que le 8 août que la Chambre des députés rejeta le crédit. Le Sénat n'avait point
encore examiné la question, quand, le 27 novembre, furent rendues les deux autres ordonnances. M. de Marcère prouva ainsi qu'il n'avait pas méconnu la volonté
des Chambres et qu'il n'avait pas violé une loi qui
n'existait pas.

Quant à la résolution de la Chambre votant des poursuites, le Sénat ne la ratifiant pas, elle devenait cadu-
que, car elle n'était pas votée par les deux Chambres.

Le 29 juin 1894, M. Bozérian, au nom de la commission de règlement des comptes des exercices 1889 et
suivants, préconisa la compétence des Chambres pour
mettre à la charge des ministres la réparation due à
l'État, et, le 26 juin 1895, il déposa une proposition de
résolution demandant la détermination de la juridiction
compétente. (Voir ch. suiv.)

---

(1) Une singulière erreur s'était glissée dans le rapport présenté à la Chambre, erreur qui ne fut relevée par personne et
qui semble partagée par MM. Fernand Faure, Rouvier, ministre des finances, Le Provost de Launay, qui prirent part à
la discussion : le 1er mars 1876, quand fut commandé le train
spécial pour don Carlos et sa suite, ce n'était plus M. Buffet
qui était président du Conseil, c'était M. Dufaure qui l'avait
remplacé le 23 février.

Affaire de la Marine.

En 1887, le ministre de la marine, M. Barbey, déposait un projet de loi portant ouverture au budget de l'exercice 1887 d'un crédit de 19.139.975 francs. Dans ce projet, entre autres demandes de crédits supplémentaires, le ministre en formulait une sur deux chapitres de son département, le chapitre 20 « achat de bâtiments à l'industrie privée » et le chapitre 24 « achat de torpilles ». Les crédits accordés au ministre de la marine pour ces deux chapitres avaient été irrégulièrement dépassés dans les précédents exercices par l'amiral Aube, ministre de la marine, et M. Barbey demandait de régulariser ces illégalités par voie de crédits supplémentaires.

Le rapporteur, M. Ménard-Dorian, au nom de la commission chargée d'examiner le projet, blâma vivement ces actes coupables : « Laissons de côté toutes ces dépenses qui ne sont pas sérieuses. Imprévoyance absolue ou dépassement prémédité, nous ne voulons pas nous prononcer entre ces deux termes qui ne sont pas d'ailleurs inconciliables: nous n'en apercevons pas un troisième pour caractériser la conduite de l'administration de la marine dans cette affaire » (1)

La commission ne proposa de voter intégralement que les crédits relatifs au matériel. Quant aux crédits pour le personnel, elle n'accorda que les sommes absolument indispensables pour assurer actuellement les services, indiquant au ministre qu'il était nécessaire, à partir de ce jour, jusqu'à la fin de l'exercice, de faire

(1) Chambre des députés. Séance du 5 novembre 1887. *Journal Officiel* du 6 novembre.

sur tous les chapitres du budget des économies considérables pour permettre de compenser certains dépassements de crédits. M. d'Aillières, membre de la droite,
monta à la tribune pour protester contre ces illégalités
et réclamer une sanction. Il demanda l'application de
la loi de 1850 qui déclare qu' « aucune dépense ne
pourra être ordonnée ni liquidée sans qu'un crédit
préalable ait été ouvert par une loi. Toute dépense non
créditée, ou portion de dépense dépassant le crédit sera
laissée à la charge personnelle du ministre contrevenant. » (1) Il insistait d'autant plus qu'en l'espèce,
disait il, le dépassement était plus important : les Chambres avaient accordé six millions ; le où les ministres de
la marine en avaient dépensé quinze.

La Chambre adopta les conclusions de sa commission
et les crédits furent votés par 289 voix contre 31 (il y
avait eu environ 230 abstentions) (2).

Au Sénat, la commission des finances, par l'intermédiaire de M. Gouin, son rapporteur, exprima un blâme
très sévère contre ces irrégularités, et déclara que la
faute commise n'était pas d'avoir engagé des dépenses
en dehors du Parlement, ce qui est un droit pour le
gouvernement et quelquefois un devoir, mais d'avoir
demandé certains crédits en sachant à l'avance, au
moment où il les demandait, qu'ils seraient insuffisants,
car les engagements déjà pris étaient plus importants.

M. Lacombe fit observer que nos règles de comptabilité n'étaient pas assez complètes, assez serrées, pour
mettre, en certains cas, le Parlement à l'abri de sur-

(1) Chambre des députés. Séance du 5 novembre 1887. *Journal Officiel* du 6 novembre.
(2) Idem.

prises désagréables. Il indiqua quelques réformes à faire pour en éviter le retour.

« Serait-ce trop, par exemple, que d'exiger que tous les engagements pris par les divers ministres, celui de la marine aujourd'hui, celui des travaux publics dans une autre circonstance, fussent sujets à une approbation préalable du Parlement ? Ce serait peut-être difficile ; ce serait accroître dans de larges proportions le travail du législateur et dépouiller à son profit le pouvoir exécutif d'une trop grande partie de ses attributions. »

Selon M. Lacombe, on pourrait soumettre les engagements de dépenses au visa préalable d'une commission de comptabilité. Mais la meilleure mesure et la plus simple, « ce serait d'imposer aux ministres de fournir au Parlement, à des intervalles rapprochés, chaque mois, par exemple, la liste des engagements à terme par eux contractés au nom de l'État et le chiffre à concurrence duquel ces engagements grèveraient les exercices futurs. » (1)

Sous le bénéfice des observations de M. Gouin et des indications si pratiques et si justes (2) de M. Lacombe, le Sénat adopta à l'unanimité des votants le crédit fixé par la Chambre à 10.260.180 francs (3).

La sanction des légitimes protestations qui s'élevèrent dans les deux Chambres contre les pratiques irrégulières de certains ordonnateurs, fut le dépôt, par M. Remoiville, d'une proposition de loi relative à la responsabilité des ministres et qui attribuait juridiction

(1) Sénat. — Séance du 19 novembre 1887. — *Journal Officiel* du 20 novembre.

(2) Voir notre conclusion.

(3) Sénat. — Séance du 19 novembre 1887.

à une commission parlementaire assistée du procureur
général et du premier président de la Cour des Comptes. (4)

Affaire dite de la Cour des Comptes.

En 1875, quand il fut question de l'installation de la
Cour des Comptes, on hésita longtemps pour le choix
d'un bâtiment convenable, et ce n'est que grâce à l'insistance de M. Caillaux, ministre des travaux publics,
qu'on se décida pour l'aile nord du pavillon des Tuileries.

Le ministre déclara qu'une somme de 2 millions et
demi serait suffisante pour l'aménagement de ce local,
ajoutant, le 11 mai, dans son exposé des motifs,
« qu'une commission spéciale s'était livrée immédiatement à l'étude qui lui était confiée ; elle a examiné de
la manière la plus approfondie chacune des questions
qu'elle avait à résoudre ». Voici la teneur du projet de
loi présenté par le ministre :

« Article 7. — Une somme de 2.500.000 fr. est affectée
à l'installation de la Cour des Comptes dans l'aile nord
du palais des Tuileries. »

Quand, un mois après, la discussion du projet vint
devant l'Assemblée nationale, le ministre ne fut pas
moins affirmatif.

La Commission du budget se laissa fléchir par des
promesses aussi catégoriques, et M. Cordier, son rapporteur, déclara qu'il y avait dans le projet du ministre
« sous tous les rapports, convenance, utilité, économie »
et l'Assemblée vota la loi le 11 juin 1875.

(4) Séance de la Chambre des députés du 14 janvier 1888.
Annexes de la Chambre des députés n° 2.257, année 1888, p. 33.

Mais, le 3 octobre 1878, le devis présenté par l'architecte des Tuileries, annexé à la demande de nouveaux crédits, révéla que les dépenses nécessaires pour l'achèvement des constructions du pavillon de Marsan s'élèveraient à 11.268.000 francs et non à 2.500.000. Ainsi le ministre avait surpris la bonne foi de l'Assemblée quand il avait à maintes reprises affirmé que ce dernier chiffre lui avait été fourni par des hommes compétents, car il n'est pas possible que des hommes du métier puissent se tromper ainsi.

D'autre part, le ministre avait formellement violé le décret du 25 février 1862 et les instructions des 15 avril 1842 et 1er février 1848, d'après lesquels les travaux ne sont exécutés que sur les devis présentés par des architectes choisis par le ministre et après l'examen du Conseil général des bâtiments civils.

Les premiers plans et devis estimatifs ayant trait aux travaux de réfection de l'aile nord du palais des Tuileries sont datés seulement du 3 octobre 1878.

Comment expliquer d'abord le formidable écart entre le chiffre primitif demandé par M. Caillaux et le chiffre des dépenses réelles, 11.266.343 fr.? L'exposé des motifs du projet de loi présenté à la Chambre le 19 mai 1879 et concernant l'achèvement des travaux d'installation de la Cour des Comptes, s'exprimait ainsi :

« Les documents réunis par l'architecte, le 1er mai 1875, c'est-à-dire peu de jours avant le dépôt du projet de loi, contenaient un devis descriptif assez détaillé et un devis estimatif très sommaire dont les évaluations étaient portées en bloc par nature d'ouvrages et sans aucun détail. Ce devis montait à 2.500.000 francs et s'appliquait seulement au gros œuvre, aux divisions, aux

revêtements et sculptures d'art sur les façades exté-
rieures, en laissant de côté les revêtements intérieurs,
les planchers, les parquets, les escaliers, ainsi que les
travaux d'aménagement proprement dits. A tort et faute
d'un suffisant examen on supposa que l'estimation
sommaire de l'architecte comprenait la totalité des travaux restant à effectuer, et on demanda le crédit de
2.500.000 francs qui a été inscrit dans la loi du 11 juin
1875. »

Quoi qu'il en soit, il est bien certain que cette erreur
repose sur une faute : si on s'était conformé aux prescriptions de la loi, si l'on avait observé le décret de
1862 et les instructions de 1842 et 1848, le malentendu
n'aurait pas pu se produire, car les plans et devis de
l'architecte auraient été soumis à l'examen du conseil
des bâtiments civils, qui nécessairement aurait relevé
cette grosse inexactitude.

On s'aperçut au mois d'octobre 1878 que le crédit de
2.500.000 francs était insuffisant, et, conformément à la
loi du 11 juin 1875, qui prescrivait l'installation de la
Cour des Comptes dans l'aile nord des Tuileries, M. Lefuel, architecte des Tuileries. le même qui, trois ans
auparavant, avait fourni le plan à M. Caillaux, présenta
à M. de Freycinet, ministre des travaux publics, un devis
estimatif de 8.766.343 francs. comprenant 7.349.585 fr.
pour le gros œuvre, et 1.416.758 francs pour les travaux intérieurs. Cette nouvelle demande de crédits,
venant après l'affirmation de M. Caillaux, que les
2.500.000 francs suffiraient à la réfection du Palais des
Tuileries, frappa tout le monde.

M. de Frèycinet, se conformant à la loi, soumit les
devis de M. Lefuel à la commission des bâtiments civils

qui, après deux examens, réduisit à 5.643.383 francs le devis du 3 octobre 1878. La Commission du budget, à laquelle ce chiffre fut soumis en 1880, après avoir signalé cette violation des lois et règlements commise par M. Caillaux en 1875, déclara nettement qu'il n'y avait pas lieu d'appliquer l'article 6 de la loi du 25 février 1875 au ministre qui, par des affirmations erronées, avait induit l'Assemblée nationale en erreur et l'avait entraînée à voter des crédits excédant de plusieurs millions les crédits qu'elle avait la volonté d'accorder. « L'erreur, même involontaire, quand elle est excessive est un cas de responsabilité. Cesse-t-elle de l'être quand elle est le résultat de l'imprudence ou de l'inexécution de la loi ? »

Elle conclut à l'ajournement du crédit demandé, et elle déclara qu'il y avait lieu, faute d'une loi spéciale, de recourir contre le ministre mandataire, aux lois de droit commun, car la loi qui défend les intérêts des particuliers défend les intérêts de l'État.

D'après nous, ce qui prouve bien que la culpabilité de M. Caillaux était flagrante, c'est qu'en 1880, quand, dans une séance de la Chambre, il fut dit à la tribune que la question de la responsabilité pourrait être aussi soulevée contre l'architecte, celui-ci, M. Lefuel, produisit une lettre de M. Caillaux lui-même qui établissait qu'il savait que ce n'était pas avec les 2.500.000 francs qu'on pourrait achever les travaux de réfection de la Cour des comptes.

La Commission du budget demanda que le gouvernement fît une enquête. Ce fut M. Sadi-Carnot, ministre des travaux publics, qui déposa le 21 mai 1880 un rapport sur les bureaux de la Chambre. « En ce qui concerne la question de fond, il est indiscutable que les assertions produites lors de la discussion de la loi du 11 juin 1875 étaient erronées. Il a été dit et répété à tous les degrés de l'instruction administrative et parlementaire que la somme totale de 6.500.000 francs suffirait pour l'installation complète de la Cour des comptes au pavillon de Marsan. Or, si le ministre en demandant un crédit pour l'aménagement intérieur avait à s'assurer que les crédits votés antérieurement suffisaient à l'exécution des gros travaux, l'architecte de son côté ne pouvait sans une négligence regrettable laisser s'accréditer une interprétation de son rapport toute contraire à sa pensée. »

Le 28 juillet 1881, la Commission du budget déposa sur les bureaux de la Chambre un projet de résolution ainsi conçu :

« Article unique. — Vu l'article 6 de la loi constitutionnelle du 25 février 1875, les articles 1382, 1383 et 1992 du code civil, la Chambre invite le gouvernement à exercer une action en indemnité contre M. Caillaux, ancien ministre des travaux publics, à raison des faits exposés dans le rapport du budget en 1880, déposé le 7 février 1880 et dans l'information du gouvernement communiquée à la Chambre à la séance du 30 mai 1881. » (1) Ce projet de résolution fut mis aux voix et adopté. Cette résolution n'aboutit à aucun résultat pratique et, le 4 mai 1882, M. Guichard posa au Ministre de la justice la question suivante, qui fut dans le courant de la séance transformée en interpellation :

« Le gouvernement, invité par la Chambre, le

(1) Chambre des députés, séance du 28 juillet 1881, *Journal Officiel* du 29.

28 juillet 1881, à exercer une action en indemnité contre M. Caillaux, ancien ministre des travaux publics, à raison des faits exposés par les deux rapports de la Commission du budget de 1880, des 5 février 1880 et 8 juillet 1881, s'est-il conformé à cette invitation ayant pour objet d'assurer l'exécution de l'article 6 de la loi constitutionnelle du 25 février 1875 sur la responsabilité des ministres? »

M. Gustave Humbert, garde des sceaux, rappelant la réponse faite par le préfet de la Seine à M. Jules Ferry, le 4 mai 1881, insista sur la difficulté qu'il y avait à déterminer une juridiction compétente dans l'état actuel de la législation : il démontra que l'action civile contre le ministre ne pouvait être intentée ni devant le Sénat, ni devant la Cour des Comptes, et il conclut très judicieusement en déclarant « qu'il y avait une lacune dans nos lois constitutionnelles et qu'il était nécessaire de faire une loi sur la responsabilité des ministres qui serait applicable même aux faits passés, car, en matière de procédure et de compétence, le principe de la non-rétroactivité n'est pas admis ». (1)

M. Guichard proclama la nécessité de la responsabilité ministérielle effective et, — sans fournir aucun argument nouveau, sans indiquer aucun moyen pratique de mettre cette responsabilité en œuvre, sans trancher la question de compétence, — il proposa l'ordre du jour suivant, qui fut adopté :

« La Chambre, persistant dans la résolution du 28 juillet 1881, passe à l'ordre du jour. »

Mais ce vote n'était pas suffisant pour faire disparaî-

(1) Chambre des députés. — Séance du 4 mai 1882. — *Journal Officiel* du 5 mai.

tre la difficulté et la commission chargée de l'examen
du projet de loi portant règlement définitif du budget de
l'exercice 1875 constata que le préjudice causé à l'État
n'avait nullement été réparé. Sur la proposition de M. A.
Rivière, rapporteur, la Chambre des députés, dans la
séance du 1er juin 1886, vota la résolution suivante par
352 voix contre 154 : « La Chambre persiste dans la
résolution déjà votée dans les deux précédentes législa-
tures, savoir : le 28 juillet 1881 et le 4 mai 1882, et
invite le gouvernement à exercer une action en indemnité
contre M. Caillaux, ministre des travaux publics. » (1)

La loi des comptes de l'exercice 1875 ne vint en discussion au Sénat que le 5 juin 1887. M. Marquis, rapporteur, au nom de la commission chargée d'examiner
le projet de loi adopté par la Chambre, présenta un
projet de résolution, plus complet que celui de M. Rivière : « Le Sénat, infligeant un blâme sévère aux actes
de grave négligence commis par M. Caillaux, lors de
la préparation du projet de loi portant affectation du
pavillon de Marsan à la Cour des Comptes, appelle
l'attention du gouvernement sur l'insuffisance de la
législation existante en matière de responsabilité ministérielle. »

En adoptant ce texte, la commission voulait mettre
fin à ce long incident parlementaire et rejeter la résolution déjà votée à trois reprises par la Chambre, qui
invitait le gouvernement à intenter une action contre
l'ancien ministre des travaux publics. Le rapporteur
démontra, d'accord avec la doctrine professée à la
Chambre par M. Humbert, garde des sceaux, dans la
séance du 4 mai 1882, qu'aucune juridiction ne pourrait

(1) *Journal Officiel* du 2 juin 1886.

connaître d'une pareille action et que cette action serait
sans objet. Le Sénat adopta, par 134 voix contre 100,
la première partie ; quant à la deuxième, elle fut votée
à mains levées (1).

(1) Séance du Sénat du 5 juillet 1887. *Journal Officiel* du
6 juillet.

Dans cette affaire, M. Caillaux n'est pas précisément coupable de dépassements de crédits : il a sciemment trompé les
Chambres en leur faisant croire qu'un crédit de deux millions
et demi serait suffisant pour l'achèvement de l'appropriation du
pavillon Marsan, alors qu'il en fallait le quadruple.

Le vote de deux millions fut déterminé par cette fraude et,
malgré elles, les Chambres se trouvèrent dans l'obligation de
voter ensuite la continuation de cette dépense commencée.

CHAPITRE VI

PROPOSITIONS DE LOIS
RELATIVES A LA RESPONSABILITÉ DES MINISTRES

———

A la suite des discussions soulevées à propos de l'affaire de la Cour des Comptes, une polémique ardente s'engagea dans la presse (1); M. Guichard, député, crut devoir prendre l'initiative d'assurer une sanction aux diverses propositions de résolution votées par le Parlement.

Le 26 juin 1882, il saisit la Chambre d'une proposition de loi relative à la responsabilité ministérielle.

PROPOSITION DE LOI RELATIVE A LA RESPONSABILITÉ MINISTÉRIELLE PRÉSENTÉE PAR M. GUICHARD (2).

Exposé des motifs.

Le Sénat ne peut être juge des réparations civiles vis-à-vis des ministres ; si d'autre part les tribunaux ordinaires ne sont pas compétents, la conséquence serait que les ministres sont irresponsables à moins qu'ils ne soient coupables de trahison, conséquence inacceptable en contradiction évidente avec notre droit constitutionnel et notre droit commun.

La grande objection de ceux qui, en se déclarant

(1) Ch. Roussel, op. cit., p. 386.
(2) Annexes de la Chambre des députés, année 1882. Juillet. Annexe n° 1040.

chauds partisans de la responsabilité ministérielle, soutiennent qu'en fait on ne saurait l'appliquer, c'est que les tribunaux, s'ils étaient saisis de la question, seraient juges des actes politiques des ministres, ce qui serait la confusion des pouvoirs publics. L'objection repose sur une confusion : lorsqu'il s'agit des réparations civiles dont un ministre est tenu, à raison des lourdes fautes commises, de la gestion des affaires de l'État, il y a une gestion politique et une gestion purement civile. Le ministre a-t-il rempli les devoirs que lui imposent les lois et la nature de son mandat ? Voilà la question politique. Lorsque la Chambre, en vertu de la Constitution qui déclare les ministres responsables devant l'Assemblée, a prononcé sur cette question, il s'en pose une autre : quel dommage la faute du ministre a-t-elle causé à l'État, quelle est l'importance des réparations civiles ? Les tribunaux n'ont pas à juger s'il y a faute, si la faute est plus ou moins grave ; à cet égard, il y a chose jugée. Il n'y a plus à juger qu'une question de fait, qu'une appréciation de dommage, qu'une question d'intérêt purement civil, laquelle est évidemment de la compétence des tribunaux ordinaires.

Conclusion.

La Chambre remarquera la modération de notre proposition : l'erreur ministérielle dont nous demandons la réparation civile ce n'est pas la simple erreur, ni la simple faute, c'est, veuillez bien le remarquer, la lourde faute quand elle est la conséquence de l'inexécution volontaire de la loi.

Refuser d'assurer l'application du principe de la responsabilité ministérielle, alors même qu'elle est réduite à de si étroites limites, ce serait donner un démenti manifeste à nos Constitutions, à nos lois civiles, à notre jurisprudence, etc.

Proposition de loi.

Article unique. — Le ministre qui, dans la gestion des affaires de l'État aura commis une faute lourde, conséquence de l'inexécution volontaire des mesures prescrites par les lois, ordonnances ou règlements d'administration publique, pourra, à la suite d'une information parlementaire et sur l'invitation de la Chambre des députés être renvoyé devant les tribunaux ordinaires pour réparations civiles.

M. Guichard s'efforce dans son exposé des motifs, en distinguant nettement le côté politique, et le côté purement civil de la question, de démontrer qu'en donnant aux tribunaux ordinaires le pouvoir de trancher la question de fait il n'y a nullement empiètement du pouvoir judiciaire sur le pouvoir législatif ; comme nous l'avons montré dans le chapitre relatif à la compétence des diverses juridictions existantes (1) il ne nous paraît pas possible que les juges puissent entièrement connaître le degré de culpabilité du ministre, l'étendue du dommage causé à l'État sans nécessairement entrer dans le détail de la gestion ministérielle.

L'objection capitale qui peut être adressée à tout système qui à un degré quelconque fait intervenir la juridiction des tribunaux ordinaires consiste dans ce dilemme : ou ces tribunaux s'abstiendront d'apprécier l'adminis-

(1) Voir *supra,* pp. 116 et suiv.

tration du ministre et alors ils ne pourront équitablement
prononcer un jugement contre lui, en connaissance de
cause, ou bien ils exécuteront les actes de l'ordonnateur
et alors ils s'attribueront illégalement un pouvoir qui
ne leur a pas été délégué.

C'est d'ailleurs de cette façon que la commission
chargée d'examiner la proposition Guichard entendit
la question. Voici les critiques qu'elle crut devoir lui
adresser :

« D'après le système de M. Guichard, la Chambre des
députés procède à une information parlementaire et
sur son initiative un procès est fait au ministre dont
elle estime que la responsabilité est engagée : l'affaire
est instruite par la commission qui prépare la solution,
mais la décision est prise par les tribunaux ordinaires.

« Il ne nous paraît pas possible d'incliner ainsi la
volonté nationale devant un tribunal d'arrondissement
qui pourra la tenir en échec. On comprend le partage
des fonctions d'accusateur et de juge, entre les deux
branches du Parlement, aucune d'elles ne s'en trouve
amoindrie, on ne comprend pas un conflit entre la
Chambre et un tribunal. » (1) Sous le bénéfice de ces
observations, la commission proposa à l'unanimité la
prise en considération de la proposition Guichard.

Une commission fut nommée au nom de laquelle
M. A. Dubost déposa son rapport le 14 juin 1883 : dans
l'exposé des motifs, après avoir reconnu que dans le

(1) Séance de la Chambre des députés du 28 juillet 1882. —
Rapport fait au nom de la 7e commission parlementaire char-
gée d'examiner la proposition de loi de M. Guichard sur la
responsabilité civile des ministres, par M. Rodat, député. —
Documents parlementaires de la Chambre. Octobre 1882. —
Annexe no 1258.

cours de sa gestion le ministre pouvait commettre des fautes qu'on devait lui pardonner parce qu'elles étaient inévitables, M. Dubost déclarait que certains actes des ministres, quoique ne constituant ni crimes, ni délits, étaient répréhensibles et qu'il était nécessaire que l'État eût des armes pour se prémunir contre de pareils dommages. La commission préconisait la responsabilité civile, non point tant comme devant procurer à l'État un dédommagement intégral que comme un remède préventif destiné à faire réfléchir les ministres tentés de commettre une illégalité ou de se montrer trop prodigues des deniers publics. Elle limitait cette responsabilité en ce sens qu'elle n'atteignait que le ministre qui violait sciemment la loi, ou se plaçait au-dessus des décisions du Parlement. Elle estimait que le pouvoir législatif seul, avait la compétence nécessaire pour juger les ministres : elle rejetait le principe essentiel de la proposition Guichard et soumettait un nouveau projet à l'assentiment des Chambres.

RAPPORT DUBOST. — PROPOSITION DE LOI (1)

Article premier. — Tout ministre qui, dans la gestion des affaires de l'État, aura commis une faute lourde, conséquence de l'inexécution volontaire des mesures prescrites par les lois, ordonnances, décrets ou règlements et ayant causé un dommage au Trésor public, pourra en être déclaré responsable.

Article 2. — Toute action en réparations civiles, contre un ministre ou un ancien ministre, sera portée

(1) Documents parlementaires de la Chambre des députés, 1883. Séance du 14 juin 1883, annexe n° 1991.

devant un comité composé : 1° des membres de la
commission des finances du Sénat ; 2° des membres de
la Commission du budget de la Chambre des députés,
qui seront tenus de se réunir sous la présidence du
président de la commission des finances du Sénat toutes
les fois que l'une ou l'autre Chambre, ou séparément ou
cumulativement, l'auront ainsi ordonné.

Article 3. — Quand l'une ou l'autre Chambre auront
décidé d'examiner si la responsabilité d'un ministre ou
ancien ministre est engagée, elle ordonnera que le
comité dont il est parlé à l'article précédent se consti-
tuera immédiatement et que le ministre ou ancien
ministre comparaîtra devant lui.

Cette décision sera notifiée sans délai au président de
la commission des finances du Sénat qui, dans la
huitaine, convoquera les membres du comité. Dans sa
première réunion, le comité fixera le jour, lieu et heure
auxquels ou ancien ministre sera entendu par lui. Une
invitation à comparaître devant le comité sera ensuite
adressée au ministre ou ancien ministre.

Article 4. — Le ministre ou ancien ministre comparaîtra en personne devant ce comité, assisté d'un
défenseur, s'il le juge convenable, et sera entendu dans
ses explications. A défaut par lui de comparaître aux
lieu, jour et heure fixés, il sera passé outre à l'examen
de l'affaire.

Article 5. — Le comité ne pourra délibérer valable-
ment que si les deux tiers au moins de ses membres
sont présents. Il statuera à la majorité des membres
présents et en dernier ressort. Dans le cas où il décide-
rait que la responsabilité du ministre ou ancien ministre
est engagée, il fixera la quotité des dommages dus par

lui à l'État, et il ordonnera au ministre des finances de prendre, sans délai, un arrêté de debet contre le ministre ou ancien ministre responsable pour le montant de la somme ainsi déterminée.

Article 6. — Les arrêtés de debet pris par le ministre des finances, en exécution des décisions du comité, ne seront susceptibles d'aucun recours. Ils donnent droit au ministre des finances de décerner des contraintes en exécution parée et emportant hypothèque.

Article 7. — Toute action en responsabilité civile contre un ministre ou ancien ministre est prescrite par le délai d'une année à partir du jour où les débats de l'une ou l'autre Chambre auront révélé l'acte ministériel pouvant engager la responsabilité d'un ministre ou ancien ministre.

On peut adresser au projet de M. A. Dubost les mêmes critiques que nous avons formulées contre la juridiction du Sénat. Il nous paraît dangereux de faire juger la responsabilité civile des ministres par des membres du Parlement; nous avons par des faits précis démontré les inconvénients de cette juridiction (1). Nous reconnaissons cependant que le comité formé comme l'indique M. Dubost, offrira ce double avantage qu'il sera composé d'hommes particulièrement compétents en matière financière, et probablement moins prompts aux entraînements irréfléchis que la masse des députés ou des sénateurs.

La proposition de la commission de 1883 ne fut jamais discutée.

(1) Voir p. 142.

Pendant le mois de novembre 1887, la Chambre et le
Sénat, à propos de l'affaire de la marine que nous avons
exposée dans le précédent chapitre (1), s'occupèrent,
sans la résoudre, de la question de responsabilité ministérielle. Voulant donner une sanction aux votes
récents du Parlement, M. Remoiville, s'inspirant du
travail de la commission de 1883, dont il faisait partie,
déposa une proposition de loi sur le bureau de la
Chambre des députés : c'était la reproduction du projet
Dubost. Notons cependant quelques différences :

1° Au comité constitué comme l'indique M. Dubost,
M. Remoiville ajoute un élément nouveau qu'il croit
utile à raison de ses lumières et de sa haute compétence :
le président de la Cour des Comptes et le procureur
général près cette Cour ;

2° Dans le projet de 1883, la présidence du comité
devait appartenir au président de la commission des
finances du Sénat. M. Remoiville s'inspirant de cette idée
que la Constitution a donné à la Chambre des députés
une certaine hégémonie en matière financière, n'a pas
voulu laisser au Sénat une prérogative qui irait à l'encontre de l'esprit de la loi : en conséquence, c'est le président
de la Commission du budget qui présidera le comité ;

3° A l'ancien article 4, M. Remoiville ajoute la disposition suivante : « Le comité peut exiger la commu-
nication de tous documents et pièces qu'il jugera utiles
à l'instruction de l'affaire. Le ministre mis en cause
pourra en prendre connaissance sans déplacement. » (2)
Cette proposition ne fut jamais discutée.

(1) Voir p. 164.
(2) Documents parlementaires de la Chambre des députés.
Annexe 2258. (Année 1888, p. 33).

Si le législateur ne s'était pas prononcé son silence n'impliquait pas l'abandon de la question : M. Bozérian député, dans la séance du 8 novembre 1894, déposa sur les bureaux de la Chambre une proposition de loi relative à la responsabilité civile des ministres (1) ; elle fut renvoyée à la Commission du budget, et pas plus que les précédentes elle n'est devenue un texte définitif. C'est un bien à notre avis, car la juridiction parlementaire qu'elle institue offrirait, nous l'avons vu, de trop graves inconvénients.

Proposition de loi.

Article premier. — Les ministres ne peuvent sous leur responsabilité :

1° Intervertir les dépenses d'un chapitre à un autre dans le même budget ;

2° Intervertir les dépenses d'un exercice à un autre ;

3° Intervertir les dépenses d'un budget à un autre

4° Dépenser au delà des crédits votés ;

5° Engager des dépenses sans crédits réguliers ;

6° Faire des dépenses contraires aux volontés manifestées par le Parlement.

Article 2. — La Cour des Comptes donne son avis aux ministres sur l'interprétation des dispositions contenues à l'article précédent.

Article 3. — Lorsqu'un ministre s'est mis sciemment dans l'un des cas prévus par l'article 1er, chacune des deux Chambres peut prendre l'initiative à son égard et déclarer, dans la forme ordinaire des lois, qu'il a en-

(1) Séance de la Chambre des députés du 8 novembre 1894 — *Journal Officiel.* Annexes de la Chambre des députés 1894. T. II, p. 1480, annexe n° 963.

couru la responsabilité civile. Elle ne fait toutefois cette déclaration qu'après avoir entendu le rapport d'une commission spéciale nommée dans les bureaux. La loi fixe la quotité du dommage dont la réparation est due à l'État.

La décision des Chambres emporte pleine et entière exécution sur les biens du ministre.

Article 4. — Les infractions aux dispositions de l'article 1er sont prescrites si, à l'expiration de l'année qui suit le jour où le rapport de la Cour des comptes a été distribué, en exécution de l'article 15 de la loi du 21 avril 1832, la loi fixant la quotité des dommages n'a pas été votée par les deux Chambres.

Dans sa séance du 26 juin 1895 à la Chambre des députés, lors de la discussion du projet de loi concernant l'ouverture et l'annulation de crédits (1), M. Bozérian fit observer que, dans le projet de loi déposé le 9 juin 1894, le gouvernement réclamait l'ouverture de crédits supplémentaires s'élevant, pour l'exercice 1893, à 15.311.222 francs.

Or, en réalité, d'après la loi de règlement, le crédit définitif du même exercice s'élevait à 84.511.095, et cet excédent, disait le projet de loi, « serait porté en augmentation dans les découverts du Trésor ».

L'honorable député fit sentir aux Chambres combien une semblable situation était grave, quelle sérieuse atteinte serait portée au contrôle financier du Parlement si on n'essayait pas d'enrayer radicalement cette pratique funeste, et, à ce propos, il rappelait fort justement en quels termes s'exprimait le rapporteur général de la

(1) Pour l'exercice de 1893.

Commission du budget, dans un rapport déposé le
19 juin 1894 :

« Votre Commission du budget constate que jusqu'à
concurrence de 13.103.881 francs, les crédiis demandés
se rapportent à des dépenses déjà payées. Le Parlement
ne saurait admettre que des sommes aussi considérables
soient ainsi dépensées sans autorisation préalable. Nous
appelons toute l'attention du gouvernement sur la nécessité de mettre un terme à ces déplorables pratiques. »

Après avoir fait à grands traits l'historique de la
question dans le passé, M. Bozérian démontra la nécessité d'une réglementation légale de la responsabilité
ministérielle ; c'était là, d'après lui, le seul moyen de
faire cesser les abus, et, pour donner une conclusion à
son discours, il déposa le projet de résolution suivant :

« Convaincu de la nécessité de compléter par la détermination de la jurisprudence compétente la législation existante en matière de responsabilité des ministres, la Chambre passe à l'ordre du jour. »

Le président du conseil, M. Ribot, ministre des
finances, sans repousser formellement le projet de résolution, ne cacha pas toutefois qu'à son avis c'était là
employer un moyen inefficace, et qu'en donnant satisfaction à M. Bozérian on ne faisait pas avancer la question d'une ligne.

« Je demande seulement à la Chambre si c'est faire
avancer cette question que d'émettre un vœu dans un
ordre du jour ; je lui demande si ce n'est pas dénaturer
le caractère du pouvoir législatif. Nous ne sommes pas
ici dans un Conseil général qui formule des vœux. »

Malgré ces paroles du président du conseil, l'ordre

du jour pur et simple fut repoussé par 258 voix contre
205, et, en scrutin public, la Chambre, par 299 voix
contre 47, adopta la motion Bozérian.

Le 1ᵉʳ juillet 1895, quelques jours après, rappelant ce
vote de la Chambre des députés, M. Gauthier de Clagny
déposa une proposition de loi sur la responsabilité civile
des ministres. Dans son exposé des motifs, il insistait
surtout sur ce fait que cette responsabilité était illusoire,
car aucune juridiction n'était actuellement compétente
pour statuer sur le quasi-délit du ministre. Après avoir
montré combien il était injuste que l'État supportât définitivement les conséquences de la négligence ou de la
faute lourde de ceux qui dirigent ses affaires, il proposait, à l'exemple de l'article 98 de la Constitution de
1848, de rendre les ministres justiciables des tribunaux
ordinaires, en matière de dol civil. Il demandait l'urgence pour son projet qui, sans toucher à la Constitution, sans modifier ni étendre le principe de la responsabilité civile des ministres, se bornait à indiquer les
juges compétents.

Proposition de loi.

« ARTICLE UNIQUE. — Les tribunaux civils sont compétents pour connaître des actions en responsabilité
intentées à la requête de l'État contre les ministres en
vertu des articles 1382, 1383, 1992 et suivants du code
civil. » (1)

M. Ribot, président du Conseil, ministre des finances,
ne s'opposa pas à l'urgence, « sorte de politesse qui ne

(1) Documents parlementaires de la Chambre des députés,
1895. Annexe nᵒ 1428.

se refuse guère, mais qui n'avance pas beaucoup les choses », mais il déclara qu'il faisait toutes ses réserves sur le fond même de la loi, ayant de graves objections à présenter sur la compétence des tribunaux ordinaires. La Chambre, consultée, déclara l'urgence (1).

Nous avons, dans un autre chapitre (2), démontré que donner aux tribunaux ordinaires juridiction sur les ministres, c'était violer le principe de la séparation des pouvoirs ; nous n'insisterons pas.

PROJET DU CONSEIL D'ÉTAT

Nous avons passé en revue dans ce chapitre la longue série des projets de réglementation législative de la responsabilité civile des ministres. Nous avons essayé de démontrer qu'aucun d'entre eux, à notre avis, ne satisfaisait entièrement notre raison. Avant d'exposer les grandes lignes du système que nous préconisons, il nous paraît utile d'indiquer que, à la suite du projet de résolution adopté par 309 voix contre 54 dans la séance du 26 juin 1895 à la Chambre des députés, et de la déposition par M. Gaston Bozérian, député, d'une proposition de loi relative à la responsabilité civile des ministres, M. le garde des sceaux, dans le courant de l'année 1895, saisit le Conseil d'État de la question, l'invitant, dans l'hypothèse où le principe même de la responsabilité serait placé hors de discussion, à lui fournir les amendements dont le projet de M. Bozérian pourrait être susceptible, ou bien un projet

(1) Chambre des députés. — Séance du 1er juillet 1895. — *Journal Officiel* du 2 juillet.

(2) Voir *supra,* ch. IV, p. 142.

de loi distinct déterminant les cas de responsabilité et leur réglementation. (1)

Le Conseil d'État adopta un système qui modifie profondément le projet de M. Bozérian :

D'abord, le ministre ne sera responsable que dans deux cas :

1º Quand il aura dépassé les crédits alloués par la loi de finances, par des lois spéciales ou par des décrets conformes aux prescriptions de la loi du 14 décembre 1879 ;

2º Quand il aura engagé des dépenses sans crédits régulièrement ouverts.

M. Bozérian, au contraire, admettait la possibilité de poursuite pour les infractions aux règles de la comptabilité publique signalées par la Cour des Comptes.

En cas de poursuite, la procédure est simple : la Chambre des députés, constatant qu'un dommage a été causé à l'État par le fait du ministre, déférera celui-ci au Sénat qui repoussera la demande du Trésor ou prononcera une condamnation pécuniaire contre l'ordonnateur.

Enfin l'article 2 du projet de loi élaboré par le Conseil d'État est relatif à la prescription. « Un délai de trois ans, à partir de la cessation des fonctions, est jugé suffisant pour que toutes les irrégularités de la gestion financière d'un ancien ministre soient portées à la connaissance du Parlement. » (2)

Le système du Conseil d'État admet la compétence du Sénat. Nous n'hésitons pas un seul instant à repous

(1) Rapport présenté par M. de Rouville, conseiller d'État, sur un projet de loi relatif à la responsabilité des ministres envers l'État — Distribution du 27 avril 1896. — 2e Annexe au nº 1044.

(2) Rapport de Rouville, p. 40.

ser ce principe : nous avons longuement exposé dans le
chapitre relatif au juge compétent les raisons pour
lesquelles il nous paraissait impossible d'attribuer la
compétence au pouvoir législatif en général et au Sénat
en particulier, en matière de responsabilité civile : quoi
qu'on fasse, les membres du Parlement n'auront jamais
toute l'indépendance nécessaire pour juger les ministres;
un député ou un sénateur de l'opposition, quelle que
soit au fond son honnêteté, sera toujours porté à grossir
la faute du ministre; il le fera quelquefois même malgré
lui.

Quand les passions sont déchaînées et que, à la suite
de violentes ou injurieuses discussions, celui qui fait
partie d'un groupe s'est accoutumé à ne voir dans ses
collègues que des amis ou des ennemis, ceux-ci toujours
les mêmes, dans toutes circonstances, ceux-là toujours
prêts à lui venir en aide, même — surtout — quand il
se trompe, il lui est impossible de se ressaisir complètement, son individualité disparaît, il ne saurait avoir
d'autres aspirations, d'autres pensées, d'autres sentiments que ceux qui émanent de la coterie à laquelle il
appartient

Aussi, malgré le projet du Conseil d'État, malgré
l'exemple que nous fournissent l'Angleterre, l'Italie et
les États-Unis, nous persistons à croire que le Sénat
est la dernière des juridictions qui puisse en toute
équité connaître des infractions du ministre et les réprimer impartialement.

CONCLUSION

Nous avons passé en revue dans les diverses parties de notre étude, trois questions principales : 1° la responsabilité civile doit-elle être admise ? 2° dans quelle mesure ? 3° quelle sera la juridiction compétente ?

Nous avons démontré que les avantages présentés par la réglementation de cette responsabilité étaient trop étendus pour qu'il fût possible de l'écarter de nos lois ; sans énumérer les cas dans lesquels le ministre devrait des dommages à l'État, nous avons soutenu que le Parlement avait le plus large pouvoir d'appréciation pour la mise en œuvre de l'action civile.

Pour ce qui est de la troisième question, après avoir examiné toutes les juridictions, nous avons constaté qu'aucune d'elles ne nous satisfaisait complètement ; la mise en pratique d'une action intentée par l'État contre un ministre se heurte à des difficultés à la fois d'ordre constitutionnel et d'ordre financier. Ce qui ferait préférer un tribunal est la cause de l'exclusion d'un autre.

A la fin de cette étude, après avoir analysé tous les récents projets dus à l'initiative parlementaire et administrative, nous avons montré que les plus louables efforts avaient été tentés en vain.

Combien il est fâcheux cependant de voir qu'après un siècle aucun résultat pratique n'a été atteint ; que demain, un ministre imite l'exemple de M. de Peyronnet et dépense à tort et à travers au delà des crédits votés, rien, d'après nous, dans notre juridiction, ne permettra au Parlement d'obtenir que l'État soit indemnisé.

Comment expliquer le long silence du législateur, comment se fait-il qu'aucune loi bien nette, une bonne fois, n'ait mis fin à ce déni de justice ?

La cause nous paraît provenir de ce fait, qu'avant de rechercher quelle juridiction serait compétente pour juger les ministres, on n'a pas assez déterminé la nature de la faute ou du délit commis par le ministre quand il dépasse les crédits votés et par conséquent la nature de l'action qui appartient à l'État contre son mandataire négligent ou coupable. Les uns ont vu là une conséquence de l'inexécution du mandat civil, entraînant la compétence des tribunaux ordinaires pour l'appréciation des dommages et intérêts ; d'autres, préoccupés avant tout de la personalité du ministre, croyant qu'il s'agit surtout de sauvegarder les prérogatives du Parlement, ont pour cette raison donné à une assemblée politique le pouvoir de juger les ministres ; enfin, les derniers décident, puisque nous sommes dans une matière financière, de soumettre à la Cour des Comptes les poursuites contre le ministre pour infraction aux règles de la comptabilité publique.

A notre avis, tous ont raison sur un certain point, mais tous se trompent en définitive, et les arguments qui ont été fournis contre tous ces systèmes sont irréfutables : c'est d'ailleurs, selon nous, parce que le législateur a su par avance que le système qu'il choisirait, quel qu'il fût, tomberait sous le coup de critiques fort justes, que ses efforts ont été paralysés à ce point.

Pour nous, étant donné la personne du ministre, la nature de l'acte incriminé, qui est à la fois politique,

civil et d'ordre financier, nous estimons qu'on fait
fausse route quand on veut qu'une juridiction simple,
quelle qu'elle soit, connaisse de la question ; nous sommes en présence d'un problème complexe, on ne peut
pas admettre que les juges qui ont été indiqués et qui
tous ont une compétence nécessairement limitée, puissent statuer sur ce cas exceptionnel qui renferme les
éléments les plus divers. Après avoir posé ce principe,
voici comment nous raisonnons : puisque nous avons
reconnu que chaque système proposé avait, à côté d'inconvénients graves, un avantage distinct, si chaque
juridiction, prise en particulier, n'arrive pas à satisfaire
notre raison, il n'en sera plus de même si nous réunis-
sons en un seul faisceau tous ces éléments hétérogènes
et si nous en formons un tribunal unique auquel on ne
pourra faire aucun reproche ; il sera forcément indépendant, impartial et compétent.

On pourrait composer ce tribunal de la façon suivante : le président de la commission des finances du
Sénat, le président de la Commission du budget de l'année courante, le vice-président du Conseil d'État, le
premier président de la Cour de Cassation, le président
de la Cour des Comptes.

Pour ce qui est de la procédure, elle ne serait pas
plus compliquée que devant toute autre juridiction :
après le refus du bill d'indemnité par les Chambres, le
ministre des finances, mis en demeure par ce vote,
prendrait l'initiative et convoquerait cette sorte de commission ; il rappellerait devant elle les circonstances
qui ont entouré le dépassement de crédit, puis le vote
du Parlement, et réclamerait satisfaction au nom de
l'État.

13

Quoi qu'il en soit, il nous paraît indispensable que la question soit tranchée le plus tôt possible, dans l'un ou l'autre sens. Mais, à notre avis, il est indispensable de compléter cette réforme par l'extension du contrôle préventif.

M. Renaud, dans son discours de rentrée à la Cour des Comptes, le 16 octobre 1896, proposait d'étendre les pouvoirs de la Cour qui exercerait un contrôle préventif sur les actes des ministres ; « elle serait placée à côté du ministre, non pour arrêter ses volontés, mais pour l'éclairer, le conseiller et lui faire toucher du doigt l'étendue de sa responsabilité. » D'ailleurs, cette responsabilité du ministre vis-à-vis des Chambres resterait entière, et la Cour, suivant les cas, se bornerait à enregistrer ou donnerait son visa avec réserve : dans ce second cas, la responsabilité de l'ordonnateur, loin d'être détruite, serait aggravée, car le ministre, parfaitement averti, en demandant le bill d'indemnité, ne pourrait plus arguer de son ignorance devant le Parlement.

Cette réforme est parfaitement réalisable et, sans porter atteinte au principe du régime parlementaire, comme le système belge, elle aurait pour résultat croyons-nous, de diminuer considérablement le nombre et l'importance des dépassements de crédits.

Déjà en 1887, au Sénat, M. Lacombe avait émis une idée analogue (1), M. Leroy-Beaulieu dans son traité de

(1) *Journal Officiel* du 20 novembre 1887. — Sénat. « Faudrait-il exiger la participation, le visa d'une commission de comptabilité qui vérifierait dans quelle mesure l'État peut prendre des engagements sur tel et tel exercice d'après les crédits annuellement votés par les Chambres et dont la mission serait de retenir les ministres s'ils étaient tentés d'aller trop loin ? »

la science des finances propose également cette extension des attributions de notre Cour des Comptes (1) ; que
le législateur réalise cette réforme en la complétant par
une loi sur la responsabilité civile indiquant une
juridiction compétente et nous verrons peu à peu
disparaître ces crédits extra-budgétaires qui font, lors
du vote de la loi de finances, une fiction de ce qui
devrait être la prérogative essentielle du Parlement.

Vu : *Le Président de la Thèse,*

J. TIMBAL.

Vu : *Le Doyen de la Faculté de Droit,*

J. PAGET.

Vu et permis d'imprimer :

Toulouse, le 17 janvier 1899.

Le Recteur, Président du Conseil de l'Université,

PERROUD.

(1) 5ᵉ édition, T. II, p. 142.

TABLE DES MATIÈRES

———— •ı•— ————

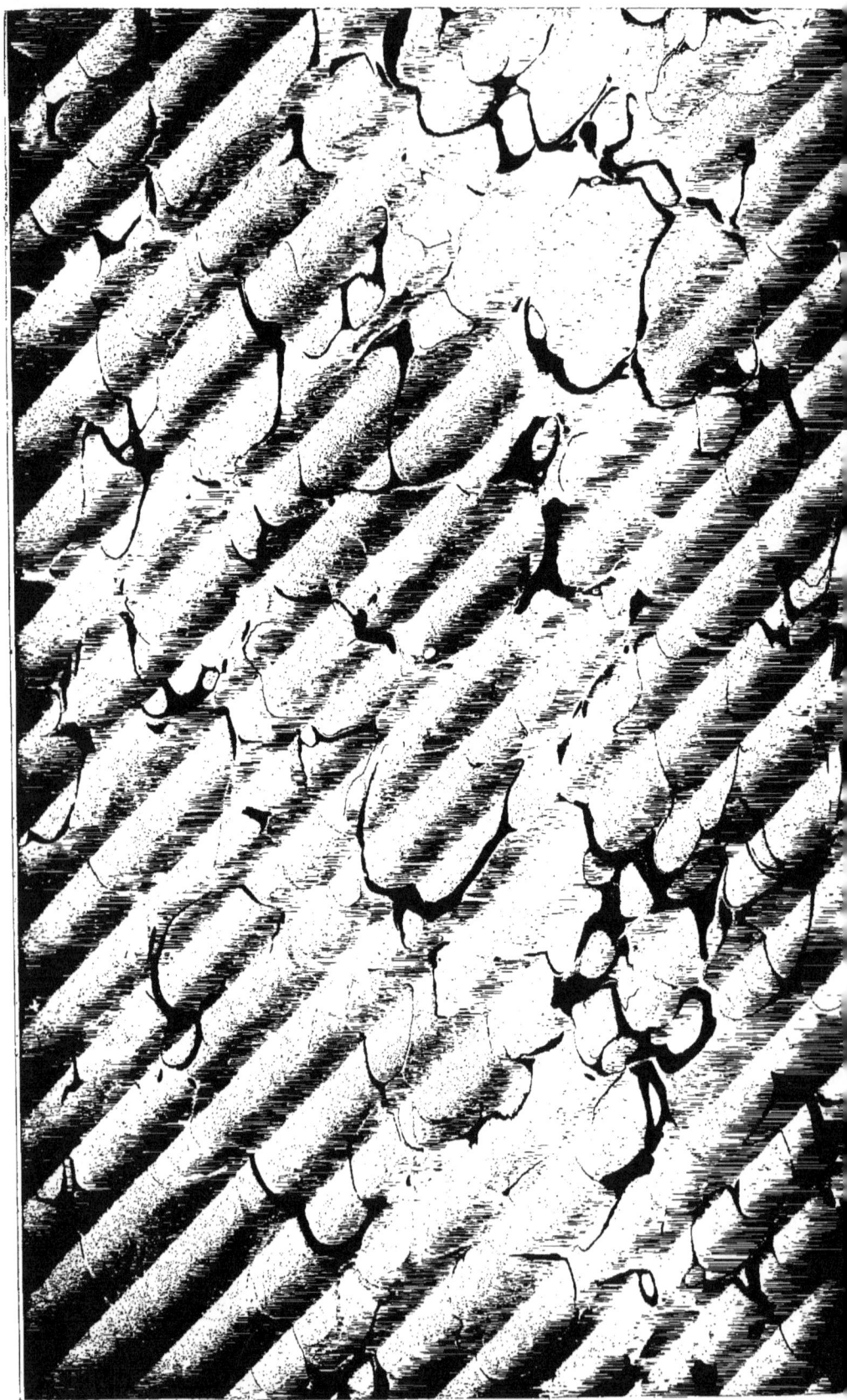

BIBLIOTHEQUE NATIONALE DE FRANCE

3 7502 01840849 5

www.ingramcontent.com/pod-product-compliance
Lightning Source LLC
Chambersburg PA
CBHW070531200326
41519CB00013B/3010